R. P. A. BELANGER

DE LA COMPAGNIE DE JÉSUS

ANCIEN ÉLÈVE DE L'ÉCOLE POLYTECHNIQUE

Les Méconnus

Ce que sont les Religieux,

Ce qu'ils font,

A quoi ils servent.

ÉDITION DE PROPAGANDE

PARIS

LIBRAIRIE VICTOR LECOFFRE

RUE BONAPARTE, 90

Décembre 1900

Les Méconnus

R. P. A. BELANGER

DE LA COMPAGNIE DE JÉSUS
ANCIEN ÉLÈVE DE L'ÉCOLE POLYTECHNIQUE

Les Méconnus

Ce que sont les Religieux,

Ce qu'ils font,

A quoi ils servent.

ÉDITION DE PROPAGANDE

PARIS

LIBRAIRIE VICTOR LECOFFRE
RUE BONAPARTE, 90

Décembre 1900

AVANT-PROPOS

On s'étonnera peut-être de cette apologie des religieux par un religieux.

Est-ce bien modeste ?

Un seul mot pour dissiper cette inquiétude.

Annihilé depuis de longues années par la maladie, l'auteur de cet opuscule n'a pu prendre qu'une part insignifiante aux travaux de ses Frères et de ses Sœurs.

Il peut donc, en toute liberté, faire leur éloge. Rien n'en rejaillira sur lui-même.

C'est le soldat maladroitement blessé au début de l'action, qui, par la porte entr'ouverte de l'ambulance, contemple, d'un œil ému, les combats de ses compagnons d'armes.

N'a-t-il pas le droit de les admirer, et, — s'il

peut, — de les faire connaître, afin de fermer la bouche aux calomniateurs de ces braves ?

Vox clamantis ! C'est, hélas ! tout son rôle.

Puisse cette voix de vérité et de justice ne pas retentir *in deserto !*

LES MÉCONNUS

L'ÉNIGME

Le Sphinx fixa sur moi ses grands yeux moqueurs où semblait pétrifié, dans un cruel regard, tout ce que quarante siècles de comédie humaine contemplée peuvent produire d'ironie en un cœur de Sphinx.

— Tu aimes les énigmes psychologiques, dit-il. Écoute celle-ci et résouds-la, si tu l'oses.

Et, tandis qu'assis entre les énormes pattes de pierre je sentais passer sur mon front le sirocco brûlant du désert, l'implacable poseur de problèmes laissait tomber de ses lourdes lèvres une histoire belle comme le ciel, hideuse comme l'enfer.

Il y avait une fois une Société toute desséchée d'égoïsme, comme les sables gris brûlés par le grand soleil du Sahara.

Et voilà que s'y élevèrent, semblables aux

vertes oasis, des groupements d'hommes, de femmes, atteints d'une étrange et sublime folie.

Où se recrutaient-ils? Partout. Partout où passait un souffle mystérieux que l'on nommait: passion du sacrifice; partout où bruissait une brise céleste qui murmurait, douce et pénétrante : aime Dieu, aime tes frères et dévoue-toi pour eux.

Dans la famille opulente, au foyer de l'ouvrier; dans les universités savantes, comme aux écoles primaires; aux champs, à la ville, à l'armée, au comptoir, partout, il s'en trouvait, de ces épris d'immolation qui ne rêvaient qu'abnégation pour eux-mêmes, larmes à essuyer, souffrances à soulager.

C'était des jeunes filles radieuses de jeunesse et de santé, qui auraient pu aller vers l'autel au bras d'un époux chéri, au son des orgues, au parfum des fleurs d'oranger.

Elles allaient vers les malades, de vrais malades, qui geignaient, toussaient, crachaient, se fâchaient parfois, juraient et frappaient. De leurs mains délicates, elles lavaient les ulcères, pansaient les blessures, faisaient avec des sourires d'ange des besognes de valet. Par-dessus tout, de leur bouche compatissante sortaient des consolations exquises : elles disaient à l'in-

firme : « Mon frère. » Il répondait en toute
vérité : « Ma Sœur. »

D'autres allaient à l'enfance et, vierges par
la pureté, se montraient mères par l'amour. A
la crèche, à l'asile, à l'école primaire, elles
recevaient ces innocentes créatures, leur appre-
naient à fuir le mensonge, à respecter leurs
parents, à obéir à leurs maîtres, à haïr le
vol, le blasphème, l'impudicité. Avec le petit
bagage de science humaine, aujourd'hui indispensable, elles donnaient un viatique autrement
précieux pour la traversée de la vie : elles révé-
laient à ces petits tant aimés du Christ le *beati
pauperes*, cette lettre de noblesse de la pauvreté,
elles faisaient paraître à leurs yeux l'espérance
céleste, qui donne la clé du problème humain
et la solution pacifiante de ses cruelles énigmes.

Celles-ci recueillaient les orphelins, les nour-
rissaient, les habillaient, leur enseignaient un
métier.

Celles-là allaient à une plus rebutante enfance, à la vieillesse sans attraits, sans grâce,
sans sourire. Douées d'une joie surhumaine
qui plongeait les spectateurs dans la stupeur,
elles entouraient ces vieux enfants de douceurs inconnues jusque-là, mendiaient pour
leur donner du pain, couchaient à terre pour

leur laisser un lit; et tous ces invalides du
« struggle for life » se trouvaient si heureux
qu'ils se croyaient déjà aux antichambres du
paradis.

D'autres relevaient l'innocence perdue, d'autres
couraient aux missions, bravant les fièvres brû-
lantes et les noirs abrutis; d'autres enfin, mystère pour le monde, s'enfermaient au cloître et
priaient pour les pécheurs, comme prie une
mère pour l'âme de son enfant!

A côté de cet essaim de vierges, une armée,
plus mâle et plus rude souvent, parcourait, elle
aussi, à grands pas, cette étrange carrière du
dévouement absolu, où « l'amour des autres
l'emporte sur l'amour de soi[1]. »

Ces hommes venaient de toutes parts et
avaient tous les âges. Ils portaient jadis des
galons et maniaient les troupes. Ou bien ils
étaient médecins, avocats, ingénieurs, architectes. Tel gérait des affaires, tel autre faisait
le commerce. Les uns avaient de bonne heure
quitté le monde; les autres l'avaient parcouru
en tous sens, y contractant plus d'une souil-
lure; persécuteurs peut-être, renversés quelque
jour sur le chemin de Damas. Tous s'étaient

1. Taine.

unis désormais pour aimer Dieu et aimer le prochain.

Eux aussi servaient les malades, voire même les fous, et compensaient, à force d'attention, la délicatesse féminine qui leur faisait défaut.

Plus nombreux étaient ceux qui allaient aux âmes. Hommes de savoir, ils s'inclinaient vers la jeunesse pour lui communiquer la science, au prix d'un labeur écrasant qui ne leur rapportait rien. Je me trompe, ils s'estimaient bien payés quand, à ces jeunes âmes, ils avaient inspiré le sentiment du devoir, le respect de Dieu, l'énergie du bien.

Il en était que l'esprit d'apostolat emportait d'un souffle plus violent. Il les jetait comme des graines fécondes sur les terres infidèles, au milieu des glaces intolérables de l'Alaska, comme au rayonnement fiévreux du soleil de l'Équateur. Alors il fallait parler de rudes idiomes, marcher dans les forêts vierges et la brousse, grelotter la fièvre au fond d'une barque ou sur le sol pourri d'une cahute, mourir seul sans presser une main amie, sans même recevoir les sacrements des mourants.

D'autres enfin répandaient la parole de Dieu parmi les populations plus ingrates encore du vieux monde. Ils l'annonçaient en chaire, aux petits comme aux grands, aux pauvres comme aux riches. Ils s'enfermaient dans l'insupportable atmosphère d'un confessional, pour rendre la paix aux âmes troublées, pour relever les blessés de la vie, pour verser le baume céleste sur des douleurs sans fin. On les nommait : « Mon Père », et ils l'étaient, par une charité sans trêve, une patience sans défaillance, une indulgence sans amertume...

Mon mystérieux interlocuteur s'arrêta un instant...

— Et tout cela, lui dis-je, ce métier de galérien, pour gagner?...

— Rien du tout, répondit-il. Traitement : zéro. Nourriture souvent détestable, parfois insuffisante. Vêtements de bure ou de serge qu'il fallait rapiécer en vingt endroits. Quelques heures de sommeil, que bon nombre prenaient sur la dure... Et cela toute la vie, jusqu'à ce que la mort vînt crier : « Halte ! » au travail et ouvrir à ces enragés de la charité la porte du ciel.

— Mais c'est incroyable ! m'écriai-je en bondissant sur mes pieds. Quoi ! cette terre maudite d'égoïsme et d'amour-propre a pu germer pareilles oasis de dévoués ! Du moins, n'étaient-ils que quelques-uns ?

— Ils étaient des milliers, des centaines de
mille.

— Tu mens, Sphinx, tu mens...

— Attends, dit la bouche cruelle; l'équilibre
va s'établir : tu n'as encore bu que la gloire de
ta race, tu vas en savourer l'ignominie. Écoute.

Contre ces hommes d'abnégation, de dévouement, de charité; contre ces femmes anges
consolateurs, qui donnaient leur jeunesse et
leur fortune, afin de faire du bien aux malheureux, s'élevait un cri de haine, demandant
leur proscription, leur spoliation, leur exil!

Qu'on charge leurs biens d'impôts spéciaux
et ruineux!

Qu'on les empêche de se réunir autrement
que sous la surveillance de la police; — sinon
la prison.

Que le droit de s'associer librement soit à
tous : aux socialistes, pour détruire la société;
aux ouvriers en grève, pour ruiner le patron et
empêcher le travail; aux financiers qui veulent
grossir leur bourse par des spéculations; aux
francs-maçons surtout, pour imposer à tous leurs
caprices sectaires... Mais pas à eux!

Que pour prier, pour être pur, pour être
pauvre, pour soigner l'enfance, la vieillesse,
l'indigence, la maladie; pour enseigner la grande

morale de l'Évangile, pour préparer des missionnaires, on ne puisse se réunir librement.
Bien plus. Que ces « êtres mutilés et ânonnant que la nature ni la société ne sauraient reconnaître »[1] soient tous rendus responsables de la faute d'un seul :

Si un congréganiste donne une claque à un enfant, que tous soient réputés des bourreaux !

Si un moine dit un mot trop violent, qu'on muselle tous les autres !

Si l'un est accusé d'un crime, que ce forfait, souvent imaginaire, efface des milliers et des milliers d'actes de charité héroïque.

Bref, que cette légion de dévoués soit la bête noire, — tu sais, cette bête noire que l'on tient en réserve et que l'on signale bravement au peuple, en ces heures de fureur où les mauvaises passions surexcitées ont besoin de haïr, de déchirer et de tuer parfois !

Que ce soit le danger public dénoncé dans les harangues ministérielles, le dérivatif dont se servent les détenteurs du pouvoir pour enlever un vote de confiance !

Et tout cela en France, dans la terre classique du dévouement et de la chevalerie, là où

---

1. Paroles du F∴ Geyer au Convent maçonnique de 1898.

les cœurs s'enflamment pour tout héroïsme, battent pour toute grande chose. Comprends-tu ?

— Mais, du moins, Sphinx maudit, cet horrible hallali de la vertu et de la charité n'est sonné que par une bande de haineux, prêts à tout pour assouvir leurs rancunes ou pour s'emparer du pouvoir.

— Oh ! si ce n'était que cela, point ne vaudrait la peine de te poser des rébus. Ce serait l'histoire perpétuelle de ta race vilaine, ô homme orgueilleux. La véritable énigme, la voici :

Dans cette France que le pays des Pharaons aime toujours, malgré ses délaissements, la majorité restait bonne d'une bonté naturelle. Les sectaires n'étaient qu'une poignée. Les honnêtes gens, ceux qui veulent la liberté pour tous, ceux qui respectent la religion des autres, ceux qui admirent le dévouement et dont la paupière se mouille au passage d'une Sœur de charité ou d'une Petite Sœur des pauvres, ceux-là étaient des millions.

Et pourtant ils laissaient persécuter les congréganistes.

Ils laissaient chasser les Sœurs des hôpitaux.

Ils laissaient accabler d'impôts iniques ceux

dont ils applaudissaient la bienfaisance ou les œuvres d'Orient.

Ils laissaient gêner, tracasser, interdire l'enseignement catholique.

Ils laissaient ravir au père le droit de choisir les éducateurs de ses fils.

Et, quoique tout honteux au fond de leur âme honnête, ils répétaient entre leurs dents : Après tout, ces congréganistes sont dangereux, ils sont trop riches, ils conspirent contre l'État ; c'est triste, mais la meute a raison qui veut les démembrer. C'est triste ! mais la liberté qui est promise à tous ne sera pas pour eux !

Et le Sphinx éclata de rire : Ah ! Ah ! Ah ! petit homme orgueilleux, résouds mon énigme. Comment tant de braves gens sont-ils devenus le jouet d'une bande de haineux sectaires ou d'ambitieux sans scrupules ? jouets, que dis-je ! c'est complices qu'il faut dire, car, sans leur approbation tacite, rien ne se ferait ! Ah ! Ah ! Ah !

Et le rire strident déchirait le grand silence du désert comme des glapissements de hyène flairant une proie. Sous l'œil fixe du Sphinx, je demeurais pensif, angoissé, tandis que le regard de pierre me fouillait jusqu'au fond de l'âme, comme pour me défier d'oser une réponse. Le

sirocco passait plus chaud sur mon front trempé
de sueur... je voulus m'éponger... Soudain, je
sentis dans ma poche un journal, triste feuille
achetée le matin dans une rue du Caire, et où
s'étalaient à l'envie les calomnies contre les
religieux, les appels à la persécution anticléri-
cale, les discours des députés sectaires, les
ordres enjoints au Gouvernement par les Loges
maçonniques... la haine imprimée en un mot,
le mensonge à cinq centimes !

Je me redressai triomphant. La clé de l'énigme,
m'écriai-je, en brandissant la misérable feuille,
la voici ! Chaque matin, les mensonges les plus
effrontés s'envolent sur ces ailes de papier,
comme l'essaim des antiques Harpyes. Ils vont
dire à l'oreille des honnêtes gens que les congrégations sont riches à scandale, avides de
domination, ennemies de la République. — Ils
inventent des crimes de congréganistes ; ils
taisent leurs vertus, leurs services, ou bien les
dénaturent. Au début, on les croit à peine ; un
secret instinct fait discerner dans ces dénoncia-
tions le son faux de la calomnie. Mais, chaque
jour, l'essaim maudit revient criaillant son éter-
nelle rengaine, la rivant dans l'oreille, puis dans
l'intelligence. C'en est fait, l'honnête homme
est troublé et son cœur, sensible pourtant, épris

de justice et de reconnaissance, est paralysé
par l'afflux des méfiances qui descendent de
son esprit.

Mais s'il se reprenait un jour! Si, fermant
l'oreille, pour quelques heures, aux cris de la
haine, il marchait en personne au fantôme,
hardiment, résolument; s'il demandait la vérité
sur les religieux à ceux qui les connaissent...
Oh! alors, comme il verrait l'inanité de ses
frayeurs; comme il resterait ravi et stupéfait,
en ne trouvant qu'abnégation, charité, dévouement, vertu, là où on lui représentait égoïsme,
intérêt, stupidité, vice!

Et, furieux d'avoir été fait complice d'une
iniquité monstrueuse, il écraserait d'un coup de
vote les sectaires, les haineux, les sans-entrailles
et s'écrierait: « Laissez en paix ces congrégations
bienfaitrices des malades, des pauvres, des
enfants, honneur de la France que vous des-
honorez. »

Voilà la réponse, Sphinx insupportable. Si
ces braves gens sont des persécuteurs, c'est
qu'ils sont des trompés!

— C'est bien, reprit moins durement l'être
énorme. Et que feras-tu?

— J'irai crier à ces braves cœurs : « On vous
trompe, on vous trompe. De grâce, étudiez les

religieux ailleurs que chez leurs ennemis; ils n'ont rien à cacher, venez, parcourez leurs maisons, voyez leurs écrits; regardez leurs œuvres, leurs fatigues, leurs services, et ne persécutez plus ceux qui ne veulent que vous être utiles.

— Hélas! murmura le Sphinx en jetant un long regard triste vers la chère France, consentiront-ils à t'écouter?...

— J'espère!

CHAPITRE I

LE TRIPLE SCEAU

PAUVRETÉ

Qu'est-ce donc qu'un congréganiste? Est-ce un être mystérieux lié par des serments inconnus proférés dans l'ombre? Est-ce l'affilié étrange d'une Société secrète, un conspirateur tramant dans les ténèbres des complots contre l'État?

Aucunement. Rien de plus transparent que sa vie, rien de mieux connu que ses terribles engagements. Des milliers de livres imprimés partout, édités partout, étudient, définissent, expliquent la nature, l'étendue de ces obligations. C'est la pleine lumière.

Le congréganiste est un homme, une femme, qui un jour, en présence de Dieu, a pris un engagement que, seule, sa conscience le contraindra à tenir. Il a voué d'être pauvre, chaste, obéissant.

Voilà tout.

Remarquons d'abord que ces vœux ne reçoivent actuellement aucune sanction de la société civile. C'est un acte de conscience aussi indépendant de la police que la résolution de vivre en végétarien. L'État n'en sait rien, n'en veut rien connaître. Que demain la vie religieuse pèse au congréganiste, il sort librement de son couvent ; il s'enrichit, agit à sa tête, se marie, s'il lui convient. Le Gouvernement n'y fera nulle objection — au contraire — et M. le maire bénira paternellement l'union de l'apostat.

Donc il ne s'agit pas de contrainte imposée, par je ne sais quels inquisiteurs modernes, à de pauvres gens qui auraient eu l'imprudence, en un jour de ferveur, de prononcer des serments inconsidérés. Toutes les portes leur sont ouvertes. S'ils restent au cloître, c'est uniquement retenus par leur volonté. Bien mieux, interrogez-les ; l'immense majorité vous répondra qu'ils y restent avec joie, enchaînés par l'amour de Dieu, et que ces vœux, dont on se fait pour eux un épouvantail, sont à leurs yeux des joyaux d'or qu'ils seraient prêts à river de nouveau.

Mais allons plus au fond. Examinons en quoi ces redoutables engagements seraient contraires à la dignité humaine ou au salut de l'État. Car ce sont là les deux chefs principaux d'accusation.

S'agit-il du vœu de pauvreté? Il consiste, somme toute, à abandonner tous ses biens, sans espoir d'en acquérir d'autres par son travail. Quant à l'application, elle varie à l'infini : depuis les Capucins, les Clarisses, les Minimes, les Trappistes, chez qui le religieux ne recevra désormais qu'un vêtement grossier, une nourriture austère, entrecoupée de jeûnes nombreux, jusqu'aux Congrégations moins sévères qui assurent à leurs membres, en échange d'un travail acharné, un entretien toujours modeste. Il faudra en effet se contenter du régime commun, porter des vêtements défraîchis, s'abstenir de distractions coûteuses, se lever tôt, se servir soi-même. Par-dessus tout, et c'est le trait essentiel de toute pauvreté religieuse, on ne pourra user de rien comme d'une propriété personnelle. Il faudra une autorisation pour donner, prêter, recevoir. Le religieux, nous y reviendrons plus tard, est un parfait communiste qui transmet intégralement à la communauté le fruit de son travail.

Tel est le fait. Est-il nuisible à la société ou préjudiciable à la dignité de l'homme?

C'est en effet une vieille et facile injure que de traiter les congréganistes de mendiants fainéants. Vivre d'aumône ! Fi donc ! Vous êtes des parasites.

L'insulte est-elle juste ? Voyons.

Le parasite est celui qui, valide, apte au travail, se confine dans le repos et ne rend pas à ses frères charitables des services équivalents au morceau de pain qu'il en reçoit. Or tout autre est le cas des religieux.

D'abord, si presque tous reçoivent des aumônes, c'est tout bonnement un subside pour accomplir leurs œuvres de miséricorde en faveur des malheureux. Le principal de leurs ressources est un travail continuel joint à une économie savante. Taine nous apportera bientôt, à ce sujet, son écrasant témoignage. Mais quand même ces hommes vivraient d'aumônes, ils ne seraient pas des inutiles.

Voyez ce Capucin qui mendie. Est-ce pour vivre dans un doux *farniente ?* Non. Il prie jour et nuit, il prêche, il confesse, il court aux missions, et c'est à peine si la journée suffit pour remplir sa tâche. Cela vous touche peu, car vous n'usez pas de son ministère. Soit, ne lui donnez rien. Mais ceux qui lui donnent en usent. Il y a donc service rendu en échange de l'offrande touchée. Il n'y a pas de parasitisme.

La Petite Sœur des pauvres quête de porte en porte, d'échoppe en échoppe, dans les halles, les hôtels, les collèges. Mendiante, dites-vous. Cette mendiante volontaire nourrit, rien qu'en France, 29.000 vieillards abandonnés.

Ces autres ont leur maison pleine d'orphelines, de malades, qu'elles seules soutiennent et qui sans elles traîneraient le ruisseau ou mourraient abandonnés dans une mansarde. Quémandeuses, dites-vous? Non. Merveilleuses bienfaitrices de la société, dignes du prix Monthyon et l'obtenant parfois.

Passe pour ceux-là, dira-t-on encore. Mais les contemplatifs !

D'abord ils sont peu nombreux, beaucoup travaillent énergiquement et pour cause ; enfin, s'ils reçoivent quelques aumônes, ils les rendent en prières. Vous haussez les épaules, vous ne croyez pas, vous, à l'efficacité de la prière. Soit, encore ! Ne leur donnez pas. Ceux qui donnent sont, au contraire, persuadés qu'il est fort opportun de soutenir ces âmes généreuses qui font pénitence et lancent continuellement vers Dieu un cri de pardon pour les péchés du monde. Laissez-les faire. Ici aussi, il y a service rendu, il n'y a pas parasitisme. Voulez-vous d'ailleurs une confirmation positive, j'allais dire positiviste? Écoutez Taine :

« Environ 4.000 religieuses et 1.800 religieux se livrent surtout à la vie contemplative. C'est la prière, la méditation, l'adoration qui est leur objet principal et premier. Mais tous les autres, c'est-à-dire plus de 28.000 hommes et 123.000 femmes, sont par institution *des bienfaiteurs de l'humanité, des corvéables volontaires, voués par leur propre choix à des besognes dangereuses, répugnantes et, tout au moins, ingrates.* Quelles sont ces besognes? Missions chez les sauvages et les barbares, soins aux malades, aux idiots, aux aliénés, aux infirmes, aux incurables, entretien des vieillards pauvres ou des enfants abandonnés; œuvres innombrables d'assistance et d'éducation, enseignement primaire, service des orphelinats, des asiles, des ouvroirs, des refuges et des prisons. Et tout cela gratuitement ou à des prix infimes, par la réduction minimum des besoins physiques, et de la dépense personnelle de chaque religieux ou religieuse. *Dans plusieurs communautés d'hommes et de femmes, la dépense personnelle de chaque membre ne dépasse pas 300 francs.* Chez les Trappistes de Devielle, ce chiffre est, maximum. »

« Si l'on estime à 1.000 francs par tête (ce qui est au-dessous du chiffre réel) la valeur du travail utile effectué par les 160.000 religieux ou religieuses des instituts actifs, le total est de 160 millions par an. Si l'on évalue à 500 francs par tête la dépense de chaque religieux ou religieuse, le total est de 80 millions par an.

« Bénéfice net pour le public : 80 millions par an ! »

Vous entendez bien : ces inutiles, ces parasites sont des *producteurs de richesse sociale de tout premier ordre !*

Passons à la dignité humaine, si chère en paroles à ce siècle, qui ne cesse de l'abaisser.

De tout temps, le mépris des richesses, l'acceptation volontaire d'une vie laborieuse et pauvre a été considérée comme marque de grandeur d'âme. La philosophie antique en fait foi ; et Diogène même, en poussant la vertu jusqu'au cynisme, n'a fait qu'en souligner la puissante réalité. J'accorde que, tout en reconnaissant le sublime du détachement, les sages eurent du mal à se maintenir sur ses hauteurs et que, s'il faut en croire le poète :

> L'austère Sénèque, en louant Diogène,
> Buvait le Falerne dans l'or.

Le Christianisme a réalisé le rêve et inspiré à des millions de créatures fragiles un mépris absolu des richesses, pur cette fois de cynisme et d'orgueil.

Et ce fut grand profit pour l'humanité à plat ventre devant le Veau d'Or, devant la jouissance, le plaisir, le luxe. La vue de ces contempteurs de biens terrestres, cria bien haut au monde qu'il adorait de la cendre. Les âmes généreuses s'émurent, regardèrent d'un œil d'envie. Beaucoup s'élancèrent sur le même sentier escarpé; toutes, du moins, redressées par la force vivifiante de l'exemple, comprirent que le devoir est au-dessus de l'or et que la richesse est trop chère, s'il faut la payer du vice ou de la bassesse.

Au moyen âge même phénomène, accompli, au milieu d'un monde redevenu cupide, par la pauvreté prêchante du Séraphin d'Assise. Douce et austère révolution, où la nature humaine se ressaisit à la pleine lumière de l'Évangile, à la poétique mélodie chantée par le bon saint et qui désensorcelait les fascinés du lucre.

Eh bien! de nos jours, la même leçon de détachement est impérieusement requise, si la société veut éviter une nouvelle crise de décadence et de pourriture, suivie comme toujours de barbarie et d'esclavage.

L'or, c'est l'idole du jour. On l'avoue, on s'en fait presque gloire. Pour le palper, que de compromissions louches, que de marchés scandaleux et clandestins, que de consciences à l'encan ! Que d'entreprises véreuses lancées aux dépens du petit, du pauvre, qui finalement paie le chèque du politicien ou le château du financier. — Que de voix vendues ! Voix d'électeur... cela vaut 10 francs et quelques tournées sur le zinc. — Voix de député.. c'est beaucoup plus cher. — Voix du journal... encore davantage. Si l'on pouvait étaler au pilori de l'honnêteté les consciences d'une portion du genre humain, on assisterait à une traite des âmes dont celle des noirs ne donne qu'une humble idée, à un si triste marchandage que l'on en resterait stupéfié.

Et cela, ce n'est encore que la partie attristante du tableau. Il en est d'effrayantes et où l'on voit poindre des explosions terribles, des convoitises rugissantes, encore comprimées derrière les grilles de la force armée, mais qui ne tarderont pas à les briser pour bondir en pleine curée. Ah ! vous vous êtes complu à répéter à l'ouvrier, au pauvre, au miséreux, qu'il n'y a pas de Dieu, pas d'au-delà, pas de ciel ou d'enfer. Vous avez limité ses espérances à la

jouissance des biens présents et vous l'avez
convié à vous regarder en jouir. Cela ne lui
suffit plus. Il tend vers l'assiette au beurre ses
mains crispées, qui ne savent plus se tendre
vers le ciel avec espoir, vers le Crucifix avec
résignation. Il veut s'amuser, lui aussi ; il veut
du plaisir, du bien-être, de l'or. De là, l'immense poussée vers le socialisme, l'anarchisme
même, qui fait déjà plier les barrières impuis-
santes derrière lesquelles le capitaliste scep-
tique, corrupteur, croyait pouvoir abriter sa vie
capitonnée. Sans doute, on tâche bien de retar-
der le moment de l'explosion, en jetant au
peuple abusé quelques curés à déchirer. Ce
plaisir s'usera vite, la proie est trop maigre, et
l'on en viendra au bourgeois repu et démorali-
sateur, qui a suscité par son école sans Dieu,
par sa persécution stupide, par ses journaux
blasphémateurs, cette doctrine décevante qui
limite toutes les aspirations à la terre, qui
dirige toutes les forces vives de la nation vers
ce but unique : être à son aise, s'amuser beaucoup, peu travailler, ne pas souffrir, jouir,
jouir, jouir !

Voilà le mal affreux de la société actuelle : au
sommet, les excès d'une finance pour qui le reste
des humains n'est trop souvent qu'un troupeau à

tondre ; à l'autre extrémité, un peuple révolté de sa médiocrité qu'il n'entend plus accepter et décidé à conquérir le bien-être à tout prix ; au milieu, un tas d'épicuriens pratiques, pour qui le devoir n'est qu'un mot vide, pour qui le désir des aises de la vie constitue le seul idéal.

Eh bien, n'est-il pas souverainement utile, honnêtes gens à qui je parle, que devant ce danger se dresse une protestation publique, permanente, exagérée si vous voulez, de l'esprit contraire ?

En matière morale, le monde ne s'instruit pas par des livres, mais par des exemples. Parlez-lui de modérer ses désirs, de mépriser les richesses, il vous rira au nez. Mais montrez-lui des êtres doués de fortune ou capables de l'acquérir, qui y renoncent de bon cœur, qui la foulent aux pieds, qui lui préfèrent une vie dure et pauvre, croyez-moi, les cœurs généreux comprendront cette muette éloquence. Ils sentiront que l'on peut résister au courant impétueux qui emporte vers les biens de la terre. Ils sentiront passer quelque chose de grand, d'élevé, le sacrifice volontaire qui n'est que la surérogation du devoir. Et ils se trouveront plus forts contre les séductions, au moins illicites, de la fortune.

Voyez donc votre inconséquence. Pour moraliser le peuple, pour remonter l'esprit public aux régions sereines du devoir, vous élevez des statues aux hommes qui ont donné de grands exemples de désintéressement, de charité. Naguère encore, vous applaudissiez à l'élection d'un Président de la République, dont le titre principal était d'avoir fermé la main au flot d'or, tentateur de sa conscience.

A merveille ! Mais n'est-il pas plus utile, plus salubre encore pour la morale publique, de garder au milieu de nous, un spectacle vivant de désintéressement poussé souvent à l'héroïsme, toujours profitable aux malheureux, et pratiqué non par un seul, mais par des milliers d'hommes et de femmes durant une longue vie ?

Laissez donc vivre ces pauvres volontaires. Les petits en ont besoin, pour apprendre la résignation joyeuse et féconde, au lieu du désespoir révolté. Les riches en ont besoin pour comprendre le néant des hochets dont ils s'hypnotisent. La pauvreté religieuse, c'est la traînée lumineuse du Christ pauvre, du Christ ouvrier, du Christ fait, par amour, semblable aux petits de la terre. N'éteignez pas cette lueur, vous supprimeriez un phare de la pauvre humanité déjà si enténébrée.

On objecte, je le sais, que la pauvreté personnelle des congréganistes, leur austérité qu'on
ne saurait nier, trouve sa compensation dans
la scandaleuse richesse de la communauté.
Nous soumettrons plus loin à l'analyse ce
cynique mensonge. Il n'en restera qu'un *rien*
ridicule. Qu'on veuille bien nous faire crédit,
en ce moment, pour examiner les deux autres
vœux constitutifs de la vie religieuse.

CHASTETÉ

Le second lien de la vie religieuse, c'est la
chasteté volontaire, entraînant la privation de
famille personnelle et tout un ensemble de
sacrifices nécessaires pour sauvegarder cette
délicate vertu, comme le sont des efforts incessants pour préserver une fleur précieuse du
vent, des intempéries, des insectes.

De la haute valeur de la virginité, un chrétien ne saurait douter, après les invitations de
Jésus-Christ et les solennelles affirmations de
l'Église. Les philosophes païens, eux-mêmes,
n'en nient pas la grandeur, mais ils s'en
épouvantent pour notre faiblesse. De fait,
c'est encore l'argument de certaines âmes

élevées, quoique profondément ignorantes des forces divines que le Surnaturel peut ajouter au roseau humain. Ce serait très beau, disent particulièrement les protestants... si c'était possible. En quoi ils se trompent : c'est possible, car cela est.

De nos jours, certaine école a été plus radicale. Violentant la conscience du genre humain afin de glorifier la passion, elle affirme avec un cynisme tranchant que la vertu des vierges est un abîme d'immoralité, et que la vraie noblesse consiste à se donner du plaisir sensuel autant qu'on en peut supporter.

A ceux-là, je n'ai rien à dire. Pour eux, saint François de Sales et saint Vincent de Paul sont des malfaiteurs ; Messaline et les habitants de Sodome, des saints. Qu'ils les encensent... et passons.

Venons aux honnêtes gens dont l'oreille comprend les mots de sacrifice, de maîtrise sur soi-même, encore qu'ils admettent difficilement une vie privée volontairement des jouissances légitimes. A ceux-là, je veux montrer que les religieux rendent à la société un éminent service, et moral, et matériel.

Service moral, disons-nous. Car, il ne faut pas l'oublier, la société, prise dans son ensemble, agit profondément sur les membres qui la composent. Si chez elle s'étalent de grands crimes, de bestiales convoitises, d'écœurantes langueurs, ce spectacle sans contrepoison constitue un immense danger d'entraînement pour les caractères faibles... à moins qu'en face du mal audacieux ne se dresse audacieusement ce que j'appelerai le raffinement, l'excès, si l'on veut, de la vertu contraire.

Or que voyons-nous actuellement ? Nous avons trouvé l'humanité platement en adoration devant la richesse. C'est son premier tyran. Il en est un second, chancre impitoyable qui la ronge, et en consume les forces vives, les mâles énergies : c'est la volupté.

De là, une jeunesse épuisée, flasque, sans idéal, avide de jouir à tout prix.

De là, une ignoble littérature, à faire rougir Pompéi et qui s'étudie chaque jour à inventer de nouvelles lubricités pour assouvir des passions trop blasées.

De là, des générations frappées dans leur source, où l'on ne peut même plus trouver le contingent militaire : races malingres, étiolées, qui pourraient se retourner vers leurs parents et leur demander raison du sang appauvri, des nerfs détraqués qu'elles en ont reçus.

De là, indirectement, grâce à l'habitude de chercher le plaisir sans accepter la peine, une stérilité voulue, qui dépeuple la France et la livre mathématiquement aux armées étrangères, à une époque que la lourde main de la statistique peut déjà écrire en chiffres de deuil.

De là, un amoindrissement navrant de l'idée du devoir, un besoin maladif de jouissance ; bref le contraire de ce qui fait à une société des muscles, un tempérament, un caractère.

Devant ce tableau, je sens déjà des épaules se lever, des accusations de chagrine exagération monter aux lèvres du lecteur.

Eh bien, non, hélas! non! Je n'exagère pas. Et, si vous daignez jeter les yeux, non pas seulement sur l'extérieur correct de certaines vies, mais sur l'ensemble de la société, vous serez moins optimistes. Voyez les théâtres que nous aimons, les romans que nous dévorons, les feuilletons dont se délectent chaque jour jeunes gens et jeunes filles, les tableaux qu'on affiche à toutes les vitrines, et d'autres choses que je ne nommerai pas; voyez certaines « attractions » de l'Exposition, et alors mettez la tête entre vos mains, réfléchissez et répondez : La volupté ne s'étale-t-elle pas effrontément chez un grand nombre, et par contre-coup la futilité, l'amour du plaisir n'envahit-il pas notre société?

Ainsi fut le monde romain à l'apparition du christianisme, et vous savez par l'histoire dans quel cloaque il s'engloutissait. Qui en tira les éléments d'une rénovation sociale? Une radieuse apparition de pureté, et, par suite, d'abnégation. Au souffle assainissant de l'Évangile, on vit germer des vierges qui, entourant leur vertu d'un austère rempart de sacrifice, attirèrent l'attention, puis la vénération des âmes un peu hautes, de celles qui ne cédaient à l'orgie que par désespoir de résister au courant. C'est donc possible, s'écrièrent-elles! Et, soulevées par l'exemple, elles résolurent d'imiter ces purs, du moins de loin, du moins en s'abstenant du plaisir défendu. Car, répétons-le encore, il en va ainsi de la nature humaine. Pour obtenir de la masse une vertu commune, il faut qu'une élite donne des preuves d'une vertu plus qu'ordinaire. — Quand un régiment commence à flotter sous la mitraille, il ne suffit pas, pour le raffermir, que le chef reste stoïquement à son poste. Il faut qu'avec une poignée de braves il s'élance là où les obus tombent plus dru, où la mort moissonne plus serré. — En d'autres termes, pour obtenir des hommes l'accomplissement ordinaire du devoir, il faut que plusieurs le remplissent à l'excès.

Tel est le rôle social de la vie religieuse. Une protestation, une preuve : « Vous voyez bien qu'il est possible de se restreindre aux jouissances permises, puisque nous pouvons même nous passer de celles-là. » Cet *a fortiori* de l'exemple, le plus éloquent, le seul efficace, c'est le rôle du vœu de chasteté, rôle caché, discret, mais incontestable. Oui, vous qui aimez à voir sur le front de vos femmes, de vos filles, cette splendeur calme de la pudeur chrétienne, sachez que vous le devez au parfum de virginité que la vie religieuse continue à faire passer sur le monde.

On annonce le départ pour le cloître d'un jeune homme au brillant avenir, l'entrée au couvent d'une jeune fille riche, et vous haussez peut-être les épaules. Prenez garde : cet excès, comme vous l'appelez, est une sublime leçon; elle dit doucement à l'âme de vos enfants que la pureté est belle, la lutte contre soi-même noble et surtout qu'elle est possible. — Et quand viendra l'assaut des séductions délicates, de quel prix ne sera pas cet enseignement muet reçu d'une parente, d'une amie, pour résister au mal et s'accrocher énergiquement au bien? Voilà pourquoi toute vocation religieuse, nuisible en apparence à l'accroissement d'un peuple, lui est en réalité étonnamment favorable, car elle affermit la famille en développant les mâles vertus qui la fondent et sans lesquelles elle s'étiolera ou périra. — A cet arbre dont les racines plongent nécessairement jusqu'au roc du devoir, — et d'un devoir souvent pénible, parfois héroïque, — il faut une atmosphère d'austérité, de renoncement. Cette atmosphère est admirablement entretenue par les grands exemples de mépris du plaisir qu'entraîne le vœu de chasteté. — Au reste, les faits sont là. Les départements les plus riches en vocations religieuses, tels que ceux de la Bretagne, la Lozère, voient leur population s'accroître. Au temps où la France fleurissait de monastères, elle voyait augmenter le nombre de ses enfants. Là comme partout, on ne s'appauvrit pas en donnant à Dieu[1].

1. On objectera peut-être que certaines nations protestantes, où la vie religieuse est peu connue, s'accroissent fort bien. C'est vrai; mais les conditions sont tout autres. 1° D'abord, grâce à un tempérament plus froid, plus positif, le besoin, de jouir sans peiner ne s'y est pas développé comme chez nous; — 2° La loi du partage forcé à la mort des parents n'y existe pas, et l'on sait quelle influence a cette loi sur la restriction du nombre des enfants. De plus, nos voisins ont des habitudes de colonisation, d'expatriation facile, qui les rassurent sur le sort de leurs descendants; — 3° En France, voilà deux siècles que libres penseurs, francs-maçons, hommes de

L'objection que nous réfutons sur l'inopportunité du vœu de chasteté revêt parfois une autre forme, plus rude et plus injuste, mais si répandue qu'il est bon d'y répondre.

Vous fuyez le devoir, dit-on, en fuyant la famille, et, par ce commode égoïsme, vous évitez, vous, les soucis de la paternité, vous, les fatigues maternelles. De la sorte, vous vous rendez inutiles à la société, que vous n'accroissez pas et que vous servez mal.

science, littérateurs, et Gouvernements même, s'appliquent à surexciter les appétits malsains, soit directement, soit en détruisant non seulement la religion, mais aussi la loi naturelle. Les étrangers, et surtout leurs gouvernants, se gardent bien de pareille aberration. Ils s'efforcent de conserver chez eux les principes de la loi naturelle et ce qui reste de religion révélée dans leur christianisme incomplet. — Attaqués avec moins d'acharnement par l'impiété, moins savamment démoralisés par leurs chefs, ces peuples ont donc, *de fait*, plus de vie chrétienne qu'une grande partie de notre population. De là la natalité plus forte. C'est si vrai qu'actuellement, dans la plupart des pays protestants (Angleterre, Hollande, Allemagne) l'accroissement des naissances diminue en même temps que le christianisme baisse. Aux États-Unis, au Canada, la natalité décroît dans les familles protestantes et reste élevée chez les catholiques. — On le voit, pour relever, à ce point de vue, notre chère France, il faut avant tout lui infuser de nouveau la vie chrétienne, son sérieux, son austérité. — Or, nous l'avons montré, rien n'y coopère autant que le développement de la vie religieuse. Si d'autres peuples semblent avoir pu, plus ou moins, se passer de ce salutaire exemple, c'est qu'ils n'étaient pas dans les mêmes conditions, c'est qu'ils n'avaient pas notre tempérament ardent, porté aux extrêmes, qui a besoin de la vue des grands sacrifices pour ne tomber pas dans les grands excès ou les irrémédiables décadences.

Nous venons de répondre à la question d'accroissement. Quant aux services rendus, nous pensons qu'après avoir lu le paragraphe qui va suivre et les trois derniers chapitres de cet ouvrage, on rougira de les nier. Reste le chef d'égoïsme.

Eh bien, rassurez-vous. On voit beaucoup de gens essayer de la vie religieuse, puis se retirer en disant : « Je ne puis ; c'est au-dessus de mes forces. Je vais me marier. »

Conclusion : Ce n'est pas si facile ; et ce n'est pas par égoïsme ou crainte du travail qu'on entre en religion. Mal en prendrait d'ailleurs. Nous esquisserons, çà et là, la vie du religieux et les travaux qu'il assume. Nul n'osera ensuite affirmer qu'ils ne compensent pas les soucis du père, les fatigues de la mère.

Ceux-ci sont d'ailleurs singulièrement adoucis par les charmes du foyer. Fonder un *chez soi*, c'est laborieux sans doute. Mais posséder un *chez soi*, une femme qui vous chérit, des fils qui vous font revivre, tout un entourage de personnes et de choses qui vit de vous comme le lierre vit du grand arbre, tout en l'ornant, l'égayant, le soutenant aux vieux jours, cela est ineffablement doux !

Aussi, soyez-en assurés, somme toute, et au

point de vue purement *naturel*, l'isolement du religieux est incomparablement plus dur que le travail de l'époux et du père. L'un meurtrit ses mains et satisfait son besoin d'aimer; l'autre, tout en peinant lui aussi, n'a rien pour consoler son cœur, qu'il doit garder vide afin de le remplir de l'amour passionné de Dieu et des pauvres. Ce n'est pas *rien*, direz-vous avec raison ; mais, répondant à une objection pure- ment naturaliste, je fais abstraction des joies surnaturelles de l'âme. Puis, il faut le dire à ceux qui ignorent totalement les péripéties de la vie spirituelle, Dieu sèvre très souvent de ses douceurs ceux qu'Il veut mener loin dans la sainteté. Il comble le vide du cœur, mais d'une manière non sentie, et le religieux reste alors avec son impression d'isolement, appuyé seu- lement sur l'austère décision d'une volonté que la grâce soutient sans lui sourire.

Voilà pour l'égoïsme : Il se réduit, on le voit, à un rude travail, dépouillé des consola- tions terrestres même légitimes, et souvent privé des compensations célestes, du moins sensibles.

Après avoir établi le premier service rendu la société par le vœu de chasteté, à savoir: un grand exemple de *self restraint*, mettons en

lumière le second. L'état de virginité met à
la disposition du genre humain une armée de
dévoués prêts à des besognes d'abnégation qui
dépassent les forces morales de l'homme marié.

La famille, en effet, rien de plus exquis pour
le cœur. Mais, si elle le charme, c'est en l'oc-
cupant, en s'en emparant, en l'exigeant tout
entier. A la rigueur, dans de suprêmes occasions, lorsque la patrie est en danger, le soldat
s'arrache à ses liens chéris et brise ceux qu'il
aime pour faire ce qu'il doit. C'est admirable,
certes! Seulement, c'est là besogne violente,
que l'on ne saurait répéter souvent sans épuiser
son courage. Il y a donc, du moins en général,
incompatibilité entre les obligations familiales
et une vie de dévouement continu et désinté-
ressé aux besoins de l'humanité. Soigner les
pestiférés ou simplement les malades, sans y
épargner veilles et fatigues; surveiller des
bandes d'enfants dans des cours boueuses, des
classes surchauffées, des dortoirs; se faire les
Antigones heureuses et joyeuses de vieillards
décrépits : voilà qui s'accorde peu avec les
soucis de la maternité. Il faut, pour remplir
avec entrain, — c'est-à-dire avec succès, — ces
nobles fonctions, n'avoir à immoler que *soi-
même*, son repos, ses intérêts, sa vie, s'il

devient nécessaire. Mais, s'il fallait encore y sacrifier ses propres enfants, l'être aimé qui vous a choisi pour l'accompagner ici-bas, pareille abnégation deviendrait par trop impossible, et souvent prohibée. La virginité résout héroïquement le problème : « Je vivrai seul, afin de me donner plus librement à ceux qui souffrent. L'hôpital ou l'école seront mon *chez moi ;* les pauvres et les infirmes, mes proches ; le Christ, l'époux divin de mon âme. » C'en est fait : grâce à ce mot magique, les orphelins ont des mères, les malades des frères et sœurs, tous les souffrants des amis *pour eux tout seuls.* Et ce mot, c'est la virginité chrétienne qui le dit dans son : *Voveo.*

Que dire de l'œuvre civilisatrice par excellence, des missions, où tant de milliers de prêtres et de religieuses françaises consument leurs forces et trouvent souvent la mort au débarqué ? Là encore, là surtout, l'apôtre ne peut être rivé par une chaîne, si douce, si aimable, si noble soit-elle[1]. Quand vous l'encom-

---

1. Une anecdote assez suggestive a été rappelée, à l'occasion des récentes béatifications des missionnaires martyrs.

« Un jour, raconte un prêtre des missions étrangères, j'étais de service à la salle des Martyrs, donnant aux visiteurs des explications sur différents tableaux ou objets qui forment notre musée. Parmi les visiteurs se trouvait un jeune homme

brez de famille, vous le condamnez à la stérilité apostolique du ministre protestant, si bien reconnue par ses coreligionnaires sincères. Qu'il nous soit permis, à ce propos, de citer quelques aveux du Protestantisme sur l'incomparable puissance de servir le prochain produite par le célibat.

Veut-on une théorie de sa grandeur ? « La continence, dit le Dr Müller, est la base de toutes les vertus morales ; c'est elle seule qui forme la virilité du caractère. Qu'on nous nomme un seul serviteur de Dieu qui ait parlé contre le célibat. Une chasteté parfaite a été de tout temps quelque chose qui commande le respect. La famille n'est pas compatible avec la vie sacerdotale. »

L'historien Cobbet n'est pas moins net : « Saint Paul, dit-il, recommande à tous les

d'une vingtaine d'années. Quand tout le monde se fut retiré, il s'approcha de moi et, à brûle-pourpoint, me regardant dans le blanc des yeux :

— Mais enfin, Monsieur l'abbé, me dit-il, je voudrais bien savoir pourquoi les prêtres ne se marient pas.

Je ne sourcillai point, mais levant la tête vers le tableau annamite qui représente l'horrible supplice du bienheureux Cornay que les bourreaux coupent en morceaux :

— Venez, Monsieur, regardez et dites-moi si, quand on a femme et enfants, on a du goût pour pareil genre de vie et de mort ?

Mon interlocuteur me demanda respectueusement la permission de me serrer la main et se retira.

prédicateurs de l'Évangile le célibat; l'Église catholique a fait de ce précepte une loi, afin que ceux qui sont chargés du salut des âmes ne fussent pas dérangés de leurs pieux devoirs par des préoccupations d'une nature matérielle, et qu'ils fussent exempts des soins inévitables à celui qui a femme et enfants.... En examinant cette loi au point de vue religieux, civil et politique, nous trouvons que, fondée sur la sagesse, elle était d'une véritable utilité pour le peuple et que l'abolition de cette loi fut une chose fort regrettable. »

Le même protestant montre l'abîme de charité ouvert par l'abîme de détachement qu'est la virginité : « Les secours donnés aux nécessiteux constituent un des plus beaux traits du catholicisme. Or le prêtre qui a femme et enfant aura-t-il le même empressement à distribuer des secours aux indigents que celui sur lequel ne pèsent pas les mêmes charges? »

Venons aux missions : les témoignages abondent tellement que force est de n'en citer qu'un très petit nombre :

Voici le Dr Isaac Taylor, chanoine Anglican de l'Église d'York, appréciant dans la *Fortnightly Review*, les difficultés qui attendent l'apôtre protestant encombré d'une famille :

« Nos missionnaires modernes sont des mercenaires... Et un mercenaire ne peut jamais
accomplir l'œuvre d'un soldat de la Croix... Il
nous faut des hommes animés de l'esprit de
saint Paul, de l'esprit de saint Columba et
saint Columban, de l'esprit de saint François-
Xavier, de ces véritables apôtres qui abandonnaient tout, s'abandonnaient eux-mêmes pour
Dieu et les âmes et amenaient des peuples entiers
aux pieds de Jésus. Beaux missionnaires que
ceux qui ne peuvent vivre sans un *bungalow*[1]
bien confortable, un *punkah*[2] bien rafraîchissant,
une femme et un équipage attelé de poneys ! —
Si saint Paul, avant de s'élancer dans le vaste
champs des missions, avait exigé de saint Jacques
et d'un comité résidant à Jérusalem une rente
annuelle de 300 livres (7.500 francs) payable tous
les quatre mois ; si, avant d'entreprendre ses
courses apostoliques, il eût demandé un *bungalow*
un *punkah*, une femme, un équipage et un
poney, en vérité saint Paul n'eût pas changé la
face du monde[3]. »

Voilà, prouvée par l'absurde, l'impérieuse
nécessité de la pauvreté et de la virginité.

1. *Bungalow*, habitation hindoue.
2. *Punkah*, sorte d'éventail ou ventilateur mécanique.
3. *Fortnightly Review*, octobre 1888.

Venons aux témoignages positifs, Gordon, le célèbre général protestant, le héros de Kartoum, déclare « n'avoir trouvé que parmi les prêtres catholiques romains des héros à la hauteur de son sublime idéal d'abnégation et d'apostolat ». (Il a vu) « en Chine les ministres protestants vivant avec des appointements de 300 livres et préférant rester sur la côte où ils jouissent de la société et du luxe de leurs compatriotes. Les prêtres catholiques, au contraire, ont abandonné l'Europe pour n'y retourner jamais ; ils s'enfoncent dans l'intérieur des terres et y vivent de la vie des natifs, sans femme, sans enfants, sans salaire, sans confort, sans société. Voilà pourquoi ces missionnaires réussissent, comme ils le méritent, et pourquoi les protestants échouent ».

Il y a une autre raison que le général ne voit pas. L'un tient la pleine lumière de la vérité, l'autre ne porte plus en ses mains mal assurées qu'une lueur vacillante de christianisme, assombri par les voiles de l'hérésie. Il est néanmoins piquant de trouver dans la bouche du mystique et vaillant puritain cette confession de la puissance conférée par la chasteté au prêtre, au religieux catholique.

Cette question avait soulevé un immense mou-

vement en Angleterre vers 1888, et les lettres
de M. Caine, membre du Parlement, au *Times*,
sont restées célèbres. Le *Shang-haï Courrier*, bien
placé pour juger, expliquait avec humour l'infé-
riorité du ministre sur le prêtre. C'est un protestant convaincu qui parle :

« L'une des raisons les plus à considérer ici
est, si je ne me trompe, que, dès qu'un missionnaire a pris une femme, il devient, à toute
espèce de point de vue, complètement impropre
à ses fonctions. Durant la première année,
il devra, comme de juste, consacrer presque
toutes ses pensées et son temps à celle qu'on
appelle sa meilleure moitié. Cela est naturel, et
c'est une faiblesse commune à tous les enfants
d'Adam.

« Mais enseigner à de pauvres païens à comprendre les articles mystérieux de la foi chrétienne et cultiver en même temps la tendre
affection de sa chère moitié, sont deux occupa-
tions à peu près aussi différentes que le seraient
celles d'un boucher et d'un tailleur.

« Bientôt, pour comble de malheur, naissent
les enfants, et mari et femme rivalisent de
tendre sollicitude pour leur progéniture[1]...

1. *The Shang-haï Courrier*, 29 mars 1888

« Le missionnaire catholique, au contraire,
n'a pas de femme pour lui rendre la vie insupportable ! (pardon ! je me borne à transcrire) et
peut, par suite, dépenser ses pensées, son énergie, son temps, dans l'œuvre qu'il a choisie. »

Bornons-nous à ces quelques citations. Elles
montrent à l'évidence quel service social rendent
ceux qui acceptent la loi austère de la chasteté.
Les protestants nous le disent pour les missions,
— cette grande œuvre de civilisation des peuples
barbares. Nous le voyons de nos yeux pour les
hôpitaux, les crèches, les asiles, les écoles, les
collèges, le ministère des âmes ; en un mot,
pour tout ce qui constitue la vie de nos prêtres
de nos religieux, de nos religieuses.

Cessez donc de dire qu'un tel sacrifice est
pur égoïsme. Ces chastes, dévoués, travailleurs
jusqu'à l'héroïsme, vous donneraient aussitôt
un éclatant démenti qui couvrirait de confusion
vos cœurs honnêtes. Cessez de dire que c'est
contre nature, puisque ces hommes, ces femmes
s'assurent par là une vigueur incomparable
pour faire le bien, et puisque les mahométans
mêmes, peu suspects en pareille matière, — en
viennent à admirer le missionnaire qui n'a pas
de famille et à nommer la Sœur de charité
l'Ange qui n'a pas d'ailes.

OBÉISSANCE

Voilà le grand grief si habilement exploité contre les religieux. Ils abdiquent, dit-on, entre les mains d'un supérieur, parfois étranger, et leur liberté, et leur honneur, et leur conscience. Désormais les voici à l'état d'hypnotisés irresponsables, toujours sous l'influence d'un magnétiseur inconnu, qui les fait agir à sa guise comme des marionnettes. Quel danger pour la société! Quel abaissement de la dignité humaine! Quel défi à la morale publique!

Examinons ces craintes d'un cœur ferme, d'un esprit net qui voit les choses ce qu'elles sont et non pas déformées par l'exagération ou la calomnie.

Il est des gens qui ont voué une haine folle à toute obéissance, hormis celle qu'ils exigent en leur propre faveur, et laquelle doit se pratiquer les yeux fermés et à plat ventre. La voient-ils dans la famille? ils l'affaiblissent. Dans les collèges? ils l'énervent, en en brisant l'élément efficace, c'est-à-dire la répression. Ils l'aperçoivent encore dans l'armée; et c'est pourquoi ils couvrent l'armée de leurs injures, pourquoi ils la veulent supprimer, ou transformer en une ridicule garde nationale. Rien d'étonnant! Ces hommes sont fils de l'orgueil et ont choisi pour devise : « Ni Dieu, ni maître. » Ils ont parfaitement raison de haïr tous ceux qui courbent fièrement la tête par devoir, non pas comme eux, devant la force brutale ou les sacs d'écus, mais devant l'autorité où transparaît le divin empire du Créateur. Du moins, devraient-ils nous épargner le spectacle de leur hypocrisie et ne pas crier à la désobéissance quand un évêque dit, tout haut, ce que dicte sa conscience, ou lorsqu'un général déclare qu'il demandera au Gouvernement de défendre ses frères traînés dans la boue. Ce serait simplement logique. Mais allez demander de la logique aux passions !

Parlons aux hommes raisonnables, à ceux qui, fort épris d'indépendance. ne veulent pas cependant la pousser jusqu'au renversement de toute autorité.

A ceux-là nous dirons : Savez-vous ce qu'est exactement l'obéissance religieuse ?

Ce n'est pas, comme on vous l'a dit, le servilisme du chien couchant, tremblant de peur devant le fouet du maître.

Ce n'est pas une apathie de fakir endormi dans un béat nirvâna.

3*

Ce n'est pas un fanatisme aveugle qui détruit la responsabilité et la conscience, qui fait de l'inférieur un instrument irresponsable aux mains d'un supérieur tout-puissant.

C'est la soumission parfaitement raisonnable témoignée à un homme représentant de l'Église et de Dieu.

Soumission noble, car elle ne cherche ici-bas aucune récompense; féconde, car son but est de faire plus de bien ; strictement limitée, — écoutez bien, — *strictement limitée* à ce qui n'est pas mal, à ce qui n'est pas péché.

Raisonnable, ai-je dit. Le religieux qui va prononcer son vœu d'obéissance a, en effet, profondément étudié ceux à qui il va soumettre sa volonté[1]. Il a choisi son Ordre, sa Congrégation. Il en a scruté l'histoire, les traditions ; il en connaît l'esprit, les œuvres. L'autorité du supérieur n'est pas livrée au caprice : elle ne peut s'exer-

---

1. Outre les sérieuses réflexions que chacun fait, tout naturellement, avant d'entrer en religion et que suggèrent, au besoin, des familles généralement peu favorables à cette entrée, l'aspirant doit faire un an, souvent deux, de noviciat. Au bout de ce temps, il n'est admis qu'à des vœux *simples*, dont on peut le délier. Il ne prend d'engagements *solennels* qu'après cinq ans, au moins, d'expérience et de pratique de la vie religieuse. Dans la Compagnie de Jésus, si célèbre par ses accaparements prétendus, la durée du noviciat est de deux ans et celle de l'épreuve totale est d'environ *dix-sept ans !*

cer que suivant des règles écrites, connues de
tous. Ce supérieur est souvent élu par ses
inférieurs, qui ont tout intérêt à faire un bon
choix. Ou bien il est nommé par un supérieur
général, qui en devient responsable et peut le
déposer. Ce Général, à son tour, a été désigné
entre mille ou dix mille par le libre suffrage
de ses Frères; c'est, la plupart du temps, un
religieux consommé dans l'âge et la vertu. En
tous cas, il est soumis au perpétuel contrôle de
l'Église, c'est-à-dire de la Congrégation des
Évêques et Réguliers. Le Pape peut le blâmer,
le suspendre, le révoquer *ad nutum*. Et voilà
finalement l'homme à qui j'engage ma volonté;
c'est un sage, vertueux, éprouvé et rattaché
par des anneaux très réels, par des rouages en
fonctionnement constant, au Chef vénéré de
l'Église universelle.

Où peut-on trouver, je le demande, une
obéissance mieux entourée de garanties, une
autorité dont on puisse mieux augurer l'excellent exercice!

Est-ce dans l'administration? L'employé qui
s'assied sur le siège de cuir fatidique dépendra
d'un ministre qu'il ne peut prévoir, arrivé par
l'ineffable jeu des intrigues parlementaires,
ennemi juré, peut-être, des plus intimes convic-

tions du pauvre fonctionnaire, et qui l'emploiera
sans merci à bien des manœuvres étranges.
J'entends encore un de ces malheureux subal-
ternes s'exclamer sur le rôle qu'on lui avait fait
jouer lors de certaines élections ! Se figure-t-on
un agent de l'enregistrement obligé, sous peine
de révocation, de travailler à spolier des religieuses désarmées ! Voit-on un agent de la
police forcé de crocheter les serrures de moines
qu'il vénère ! Et tout cela, sous peine de perdre
le morceau de pain qu'attend la famille, sous
peine de misère, de mendicité parfois.

Voilà l'obéissance exigée par ceux qui nous
la reprochent. Dans l'armée même, — elle est
assez belle, assez aimée, pour qu'on lui dise la
vérité, — l'homme qui commande mérite-t-il
toujours la pleine confiance qu'il n'échouera
pas dans l'arbitraire ? A-t-il subi ces épreuves
de pierre de touche morale qui assurent le
religieux de la vertu, de la sagesse de son
supérieur ?

Mais il y a plus, cette obéissance religieuse
est, je l'ai dit, limitée. Le sujet se réserve toujours le droit de la refuser, si ce qu'on lui
ordonne *blesse le moins du monde sa conscience.* Voilà qui fera ouvrir de grands yeux à
ceux qui nous conçoivent comme des disciples

d'un Vieux de la Montagne implacable et mystérieux. Il arme notre bras du poignard... et il faut frapper, fût-ce notre père. Il met le poison dans notre main, et il faut le verser, fût-ce dans la coupe de notre mère. Il montre un testament à capter, il faut étouffer la douairière mourante, et ainsi de suite. Si vous en doutez, lisez Eugène Sue, lisez *la Lanterne*, etc., etc.

Telle est la caricature. Voici la réalité. Le religieux, tout religieux, sait qu'il ne peut obéir en rien qui serait péché, même le plus petit, même le plus insignifiant. Qu'un supérieur, quel qu'il soit, vienne ordonner au dernier des inférieurs de voler 10 centimes, le religieux sait qu'il *peut* et *doit* refuser l'obéissance.

Le vœu ne comprend, n'embrasse que ce qui est honnête. Pour tout ce qui ne le serait pas, *il est nul, il n'existe pas*.

Cette théorie est celle de tous les moralistes, de tous les maîtres de la vie spirituelle ; elle est enseignée dans les noviciats comme la plus élémentaire des vérités. Bref, tout religieux la connaît.

Donc, pas de Vieux de la Montagne, pas d'Hassassis fanatiques, pas de Rodin, pas de poignards, pas de poison. C'est moins pitto-

resque pour le romancier, je l'avoue, — moins
facile à chanter sur l'air de Basile, j'en conviens ; mais c'est le vrai. Engagé strictement à
faire le bien, le religieux garde intacte sa
défense contre le mal.

J'allais achever cette première partie de
l'apologie pour l'obéissance quand se sont
dressés de grands fantômes. *Dii immortales !*
Ils ont des casques à pointe, des plumes de coq
à leur feutre retroussé, des habits rouges, des
uniformes blancs... que sais-je ! en un mot :
les supérieurs étrangers ! Ces redoutables auto-
crates ne vont-ils pas se faire les instruments
des menées antinationales et imposer à leurs
subordonnés français de trahir leur patrie en
vertu de leur vœu ?

La meilleure réponse sera donnée vers la fin
de cet ouvrage ; elle est irréfutable, c'est la
réponse des faits. Nous verrons en effet religieux
et religieuses porter partout largement déployé
le drapeau de la France, devenir sa gloire et le
meilleur appoint, — souvent le seul, — de son
influence pacifique. — Nous entendrons les voix
les plus radicales, les moins religieuses, et même
athées, proclamer cet ardent patriotisme avec
une étonnante unanimité. Or de ces patriotes
la presque totalité est congréganiste ; beaucoup

ont des supérieurs étrangers, et ce ne sont pas les moins ardents à procurer l'honneur du pays[1].

Aussi bien, toute trahison commandée par un général étranger est-elle radicalement *impossible*. Ce n'est qu'une application élémentaire des principes limitatifs de l'obéissance exprimés plus haut. Trahir son pays, lui faire du tort, c'est, d'après la doctrine catholique, une faute très grave. Toute prescription en ce sens serait donc de nul effet, et le religieux qui, par une absurde hypothèse, recevrait un tel ordre, saurait parfaitement qu'il n'y peut obtempérer.

Et voilà ce qui reste des fantômes évoqués. Rien; sinon le radieux tableau que nous contemplerons plus loin de l'œuvre toute tissue de patriotisme accomplie par nos congréganistes dans le monde entier.

Reste une dernière objection faite à l'obéissance : elle avilirait l'homme et rabaisserait sa dignité. Le reproche pourrait être fondé, s'il s'agissait d'une soumission purement servile, inspirée uniquement par la crainte des châtiments ou l'appât des récompenses. Mais telle

1. Rappelons, dès à présent, l'œuvre patriotique des Jésuites à Madagascar, celle des Franciscains, des Dominicains, des Jésuites en Orient, où ils font aimer et bénir la France par leurs bienfaits.

n'est pas l'obéissance religieuse. Vouée par amour pour Dieu, elle s'inspire avant tout de cet amour d'où elle tire sa meilleure noblesse, sa plus sereine grandeur. Aussi, dire qu'elle avilit le caractère, c'est prouver qu'on est bien novice dans l'étude du cœur humain. C'était un obéissant, ce François-Xavier qui allait par le monde armé d'une croix de bois, s'exposant, sur des coques de noix, aux tiphons exaspérés de l'océan Indien ou de la mer Jaune, qui ne parvenaient pas à troubler un instant son âme d'acier ; affrontant seul les sorciers de la Côte de la Pêcherie, les anthropophages de l'île du More, les bonzes irrités du Japon ; mourant abandonné, mais le sourire aux lèvres, en vue de cette Chine qu'il se disposait à convertir au risque de sa liberté et de sa vie.

C'était un obéissant, ce P. Damien qui se faisait naguère lépreux avec les lépreux et voyait, tout joyeux, tomber des lambeaux de sa chair, sans songer à reculer ou à regretter son inconcevable héroïsme.

C'était un obéissant, ce P. de Ravignan qui parut en notre siècle comme la plus fière personnification de la dignité humaine, forçant tous les respects, attirant tous les hommages et restant plus grand qu'eux à force d'humilité.

C'était un obéissant, ce P. Lacordaire, si généreux dans ses enthousiasmes, si ardent dans son amour pour son temps, si excessif parfois dans ses élans passionnés vers la liberté.

Les cloîtres en sont pleins, de ces obéissants qui fléchissent leur volonté devant celle d'un supérieur pauvre, faible, désarmé, mais qui ne se courbent ni devant l'or qu'ils méprisent, ni devant les faveurs qu'ils dédaignent, ni devant les menaces, ni devant les périls, les tempêtes, les sauvages, les mandarins de l'un et l'autre hémisphère, ni devant les bourreaux ou la mort. Si ce n'est pas là la vraie grandeur d'âme, la vraie noblesse du caractère, je ne sais vraiment où l'on consentira à les reconnaître. Et voilà les mâles vertus que forge l'obéissance, alors que l'esprit d'orgueil et d'indépendance fabrique tant de débilités, d'anémiés, prêts à toutes les crises de nerfs, mais incapables des vouloirs énergiques, désintéressés et persévérants. L'une fait des hommes, l'autre des enfants colères, capricieux et nerveux.

Le triple sceau n'est donc ni un danger pour a société, ni une atteinte portée à la nature humaine. Voulez-vous entendre à quel point, pour les âmes élevées il entoure ceux qui le portent d'une triple auréole ?

« Notre pays, dit M. de Vogüé, n'aime guère les sermonnaires en redingote. Il n'acceptera la foi et la loi de sa vie que de ces hommes qui ont le droit de commander aux cœurs, parce qu'ils ont meurtri le leur ; de ces hommes que leur robe met à part, et non seulement leur robe, mais surtout, vous le savez bien, le mystère insondable qui signe leur front, le mystère du triple vœu : obéissance, chasteté, pauvreté... Laissons les grandes paroles à ceux qui donnent les grands exemples [1]. »

1. *Les Cigognes* (*Revue des Deux Mondes*, 15 février 1892).

CHAPITRE II

LES RICHESSES SCANDALEUSES

DES CONGRÉGATIONS

C'est un des thèmes les plus agréablement développés par les virtuoses de l'anticléricalisme. « Des millions, des centaines de millions, Messieurs! s'écrie-t-on à la tribune, n'est-ce pas scandaleux pour de prétendus pauvres volontaires! » Des centaines de millions! répètent avec une attaque de nerfs d'indignation les journalistes flatte-peuple, alors que le prolétaire meurt de faim et gagne à grand'peine 100 sous par jour! » Il n'est pas jusqu'à certain procureur de la République qui ne se soit cru obligé de s'en voiler la face en plein tribunal. Ah! les vertueuses fureurs, et quel bonheur que la pauvreté évangélique ait enfin rencontré de si vrais défenseurs!

Le malheur est que beaucoup d'honnêtes gens donnent dans le traquenard, — piège de chiffres, c'est-à-dire de tous le plus fallacieux. « D'ailleurs, pensent-ils, il faut bien se l'avouer, on voit d'étranges choses et qui semblent confirmer toutes les accusations. Ces *pauvres* religieux possèdent de magnifiques collèges, aux façades en pierre de taille, aux larges fenêtres humant l'air et la lumière, agrémentés de vastes jardins. D'aucuns ont des immeubles en de somptueux quartiers. Ces religieuses sont propriétaires d'un immense pensionnat, d'un hôpital dernier modèle, d'un asile de vieillards merveilleusement aménagé... etc., etc. Et l'imagination de se monter, le jugement de généraliser; et l'on va conclure sur quelques échantillons, à la richesse immodérée des congréganistes, au brûlant péril de la mainmorte..., à moins que, calmant l'imagination, on ne se prenne à réfléchir documents sur table, durant un demi-quart d'heure. Voulez-vous le faire ensemble?

Il fut une époque où les ennemis des Congrégations estimaient carrément, et avec un *a priori* superbe, leur fortune en milliards. — Malheureusement pour cette fantasmagorie charitable, la statistique est venue, qui a singulièrement appauvri le palais d'Aladin.

Fortune *totale* (c'est-à-dire immobilière et mobilière) de 900 millions, a dit la Commission de 1881. Mais, en 1890, l'Administration de l'Enregistrement abaissait cette évaluation à 560 millions. En 1892, M. Henri Brisson lui-même ne parlait plus que de 500 millions. C'est le chiffre qui a été soutenu devant le Sénat en 1895 par le Gouvernement; et encore... à peine[1] !

La première remarque à faire, c'est qu'il y a par le monde des fortunes *particulières* supérieures à ce total. M. Jay Gould possède 1 milliard 250 millions. L'avoir des Rothschild est évalué à 1 milliard; celui des Vanderbilt, à 680 millions[2]. Donc, avant de s'effrayer de 500 millions répartis sur 160.000 religieux et religieuses, on pourrait, à meilleur titre, frémir devant un tel entassement de capitaux entre les mains de quelques individus.

Mais peu importe : 500 millions paraît un gros chiffre lorsqu'on l'isole perfidement du nombre de ceux qu'il fait vivre. Que l'on fasse la même opération pour 160.000 banquiers, pour 160.000 petits rentiers, pour 160.000

---

1 Plus exactement 493 millions. Mais en retranchant les dettes et les hypothèques (ce qui est absolument logique), M. l'abbé Gayraud évalue la fortune nette des congrégations françaises à 393 millions (*La République et la paix religieuse*, p. 114).

2. *Millionnaires and how they become so*. In-8°; London, Titbit Offices.

petits négociants, on obtiendra des sommes incomparablement plus terrifiantes.

Il n'y a donc qu'un moyen d'apprécier la fortune des Congrégations, c'est de calculer ce qu'elle représente pour chacun de ses membres. Or : $\dfrac{500.000.000}{160.000} = 3.125$ francs, ce qui assurerait à chaque religieux un revenu annuel de 94 francs[1], *si ce capital dérisoire était productif ;* or il ne l'est pas, ou si peu que rien, nous le verrons.

Arrêtons-nous un instant à ce chiffre. Voilà donc ces richards scandaleux, ces parasites de la société : chacun d'eux possède un capital de 3.125 francs, c'est-à-dire que chacun d'eux touche, par jour, 26 centimes de rente, en échange d'innombrables services rendus, dont Taine se faisait naguère le témoin ému.

Mais, en réalité, ces 94 francs de rente sont une pure chimère, car le capital ne rapporte la plupart du temps que... des impôts, et quels impôts ! plus des frais d'entretien.

Les immeubles figurent, dans le total de la fortune congréganiste, dans la proportion de 83 $^1/_4$ 0/0 Or que rapporte un bâtiment d'hôpi-

---

1. Le taux moyen de l'argent est de 2,8 0/0 environ. Nous avons calculé à 3 0/0.

tal, si beau soit-il? Quel est le revenu d'une maison remplie de vieillards ou d'orphelins? Les collèges même sont une triste affaire financière. On sait que la totalité des établissements universitaires ne vit qu'en dévorant du budget...[1] et beaucoup! L'enseignement libre, privé de cette manne gouvernementale, ne saurait donc rapporter, en général, que de bien modestes bénéfices.

Bref, dans l'immense majorité des cas, les soi-disant revenus de 94 francs n'existent pas. Là où ils existent, ils sont absorbés par les impôts et réparations, de sorte que le seul avantage tiré par les religieux de ces immeubles de belle apparence, c'est l'abri qu'ils y reçoivent, souvent dans un grenier, dans un dortoir d'élèves ou une salle de malades.

Et, si vous joignez à cela que ces hommes, ces femmes se condamnent à vivre avec ce revenu fictif, au milieu des privations et des travaux, sans famille, sans bonheur humain, sans avenir terrestre, dites-moi, n'est-on pas

---

1. « L'État dépense, chaque année, des sommes énormes pour entretenir des boursiers et pour équilibrer le budget de ses lycées, *qui tous sont en déficit.* » Ainsi s'exprime M. de Lamarzelle (*Crise universitaire*, p. 3), d'après la déposition de M. Moreau, inspecteur général des Finances, à la Commission d'enquête (*Enquête*, t. II, p. 530).

profondément écœuré de leur voir reprocher cette prétendue richesse?

Que la fortune des Congrégations devienne dix fois, vingt fois plus grande, ce ne sera pas assez pour assurer à chacun de léurs membres le revenu d'un petit rentier. Voilà la fortune scandaleuse qui fait rougir le front austère de M. Brisson !

Passons aux âmes sensibles (nous faisons là un terrible bond) qu'offusquent certaines maisons religieuses entourées de grands jardins, bien bâties et parfois, — malheureusement, vu la méchanceté humaine, — ayant reçu grâce à quelques sacs de ciment, un faux air de luxe architectural.

Remarquons d'abord que, dans un grand nombre de ces établissements à l'aspect confortable, les congréganistes ne sont pas chez eux. Des hôpitaux, des sociétés fondées pour établir des écoles, etc., etc., font appel à leur dévouement pour desservir ces œuvres de bienfaisance. En échange de leurs labeurs, religieux ou religieuses reçoivent une modique rémunération (de quoi se nourrir et s'habiller) et le logement[1].

1. « Dans l'agglomération lyonnaise, par exemple, on trouve, dans dix-huit maisons environ, des Filles de la charité : deux

Le fait de cette résidence, comme le remarque M. Aug. Rivet, peut induire le public en erreur, mais il est clair qu'il ne prouve aucunement la richesse des congréganistes. Ce serait évidemment mal évaluer la fortune d'un domestique que de lui attribuer la valeur du somptueux hôtel où il rend ses services. Encore dans ce cas, y aurait-il quelque proportion probable entre ses gages et l'opulence du maître. Ici rien de pareil. Les plus beaux établissements hospitaliers sont souvent les plus pauvres, et les dévouées gardes-malades se résignent à diminuer les dettes de construction par la modicité du traitement accepté.

Remarquons ensuite qu'il ne faut pas juger de l'ensemble par quelques échantillons qui s'étalent dans les grandes villes. — Combien de pauvres maisons, vieilles, incommodes, que leur insignifiance même empêche d'attirer les regards. Mais nous sommes ainsi faits, dans nos cruelles exigences à l'égard de ceux qui se dévouent : un seul collège de belle mine nous scandalise plus que dix couvents de Capucins ou dix maisons de Petites Sœurs des pauvres ne

seulement de ces dix-huit maisons appartiennent à la Congrégation. » (Aug. Rivet, avocat à la Cour d'appel, professeur à la Faculté catholique de Droit de Lyon, *Etude théorique et pratique sur la taxe d'abonnement et les lois fiscales sur les Congrégations*, p. 11).

nous édifient. Allez contempler ces chétives installations avant de crier à la richesse des congréganistes. En tous cas, quoi qu'il en soit de quelques exceptions, quelles que soient certaines *apparences* dont nous allons donner l'explication, il reste un fait brutal, inéluctable, prouvé qu'il est par les chiffres (et des chiffres plutôt majorés) : la part d'immeubles de chaque religieux est, en moyenne [1], de 2.594 francs ; ce qui représente, au maximun, un loyer moyen de 125 francs par tête. A ce prix, vous le savez, on n'habite pas un palais ! Mais, de plus, ces immeubles étant presque entièrement affectés au logement des malades, des orphelins, des élèves, des vieillards, on voit ce qui reste pour le congréganiste.

Abordons maintenant le fond même de la question : comment excuser, aux regards de la pauvreté, les familles religieuses qui possèdent ces quelques magnifiques établissements, causes de tant de tapage ?

Sachons d'abord que l'apparence est souvent trompeuse et que la valeur desdits biens se trouve fréquemment hors de toute proportion avec les estimations fantaisistes des puritains. M. Brisson dénonça jadis à la Chambre certain

---

1. La part totale est en effet de 3.125 francs et les immeubles en constituent les 83 centièmes.

couvent d'Ursulines qu'il évaluait à 700.000 fr.
Comme, d'ailleurs, les propriétaires ne l'avaient
déclaré que pour une valeur de 197.000 francs,
l'infraction à la pauvreté religieuse se com-
pliquait de fraude envers la loi. Enquête judi-
ciaire fut faite.. L'édifice estimé 700.000 francs en
valait 173.000. Il abritait un nombre consi-
dérable d'élèves et de religieuses, et celles-ci
étaient, en effet, prises en flagrant délit d'avoir
commis une erreur d'évaluation, *mais à leur
détriment !* Que l'on soumette à l'expertise bien
des établissements religieux, le résultat sera le
même. Ce qui donne l'illusion d'une plus-value,
c'est la propreté, le bon entretien, souvent le
bon goût des propriétaires et des architectes.

Enfin, là où il y a réellement un bâtiment de
valeur, est-ce principalement pour les Congréganistes ? Pas le moins du monde. Ces immeubles
sont, avant tout et presque exclusivement, pour
leurs pensionnaires.

Cet asile de vieillard est grand, bien bâti,
sain, aéré ; le jardin est agréable et les pauvres
gens peuvent aller promener leurs vieux corps
usés de travail dans les allées ombreuses ou au
bord des parterres en fleurs. Les salles sont
claires, hautes, gaies dans le décor de leurs
rideaux blancs, et la splendeur de lumière qui

les inonde. Parfait! mais pour qui ce luxe de propreté? Pour les infirmes. — Où est le dortoir des Sœurs? C'est souvent un grenier chaud l'été, froid l'hiver. C'est, du moins, presque toujours, un des locaux les moins agréables.

Et voilà, avec la chapelle, tout ce qui, dans le somptueux hospice, est réservé aux religieuses. Ce beau jardin, elles n'ont guère le loisir d'y respirer, absorbées qu'elles sont par le soin des malades. Ces grands corridors, elles les parcourent surtout pour les balayer et ne seraient peut-être pas fâchées qu'ils fussent moins grands. Que si de tout ce confort hygiénique elles retirent quelque chose, c'est un accroissement de santé à mettre au service de leurs chers infirmes.

C'est quelque chose, soit! Est-ce du luxe à scandaliser les braves gens qui ne manquent de rien? Je ne le crois pas [1].

Venons aux collèges; la différence n'est pas

1. Maxime du Camp, au cours de son enquête sur les œuvres charitables à Paris, a constaté plusieurs fois avec émotion que religieux et religieuses ne se réservaient de leurs immeubles que la plus misérable partie.

Chez les Frères de Saint-Jean de Dieu, il s'esquive pendant une fête et monte au dernier étage inspecter le logement des Frères. « Les chambres sont petites : une couchette maigrelette, un buffet-armoire, une table de bois blanc, une terrine, un pot pour la toilette ; à la muraille quelque image de piété,

grande. Vastes cours de récréations, classes et dortoirs bien aérés, parloirs resplendissants d'encaustique, etc., tout cela est pour les élèves,

qui est un souvenir de la famille ou l'indice d'une dévotion particulière. L'on a fait vœu de pauvreté, cela se voit » (*Charité privée*, p. 144).

Chez les Petites Sœurs de pauvres : « J'ai poussé la porte du dortoir des Sœurs ; la pièce est carrelée ; nul tapis, pas même un paillasson devant les lits ; sur chaque lit, une paillasse, un simple sac à peu près plein de feuilles de maïs ; le lit de la supérieure est placé près de la fenêtre ; cela seul le distingue des autres » (*Charité privée*, p. 71).

A Villepinte, l'asile des poitrinaires, « si Dieu est mal logé (allusion à la pauvreté de la chapelle à cette époque), les religieuses sont encore plus mal logées que Lui. Les malades les ont chassées de la maison ; à force de reculer pour faire place aux poitrinaires, elles sont arrivées jusque sous les toits, dans des chambrettes en brisis, traversées par des poutres contre lesquelles on se heurte le front, où le papier humide se détache des murs, où le sol n'est même pas carrelé, mais composé d'un mélange de plâtre et de pisé » (*Charité privée*, p. 313).

Chez les Sœurs aveugles de Saint-Paul, « la communauté a gardé pour elle les logements les moins confortables » ; l'enquêteur ajoute : « Je n'ai pu réprimer un mouvement de surprise en pénétrant dans le réfectoire de la communauté ; c'est une cave recevant le jour par des soupiraux et dont les murs sont à peine recrépis. Des dalles suintant l'humidité revêtent le sol et exhalent une vague odeur de moisissure ; cela est bon pour y gerber des tonneaux ou y empiler des bûches, mais il est inhumain d'y réunir des femmes, ne fût-ce que pour le temps rapide des repas et de les exposer à une froide atmosphère que n'attiédissent ni poêle, ni cheminée. Dans toutes les clôtures que j'ai ouvertes et où j'ai regardé, j'ai vu que les religieuses des œuvres secourables semblaient rivaliser de zèle pour ne se point ménager. » (*Charité privée*, p. 367.)

Voilà ce que se réservent les Congréganistes de leurs « immenses » immeubles !

4*

pour leur santé, pour leur bon esprit. Les pro
fesseurs tirent sans doute quelque avantage de
ces progrès matériels. Néanmoins, là encore, ils
occupent ce qu'il y a de moins bien. Dans tel
collège de bel aspect, maîtres et surveil-
lants sont logés dans de petites chambres, tout
juste convenables. Ailleurs ils doivent, vingt
fois par jour, grimper au quatrième étage où
se trouve leur logis. — Beaucoup couchent
au dortoir, et toutes les précautions d'aération
imaginables ne rendent pas ce séjour des plus
agréables, surtout quand les poumons ont perdu
la belle élasticité de la jeunesse. On le voit, de
ces prétendus palais, ce sont les élèves qui
jouissent, les religieux ou religieuses guère.

Mais ils ont un jardin! Soit! seulement, ce
qui est un luxe pour l'homme du monde est,
pour eux, une nécessité. S'il s'agit de religieuses
demi-cloîtrées, la chose est évidente. On ne peut
vivre sans prendre l'air. S'il est question des
congréganistes qui sortent, il faut tenir compte
de la quasi-impossibilité où ils sont souvent de
se promener. Allez donc corriger des copies,
réciter votre bréviaire, préparer une classe sur
le boulevard des Italiens! La vie du religieux,
de la religieuse enseignante, est si dure que
beaucoup y laissent leur santé. Comment leur

faire reproche de quelques mètres de terrain nécessaires à prolonger des forces si utilement employées?

Où l'on pourrait chicaner avec quelque apparence spécieuse de raison, c'est pour les établissements exclusivement réservés aux congréganistes, noviciats, maisons d'étude, refuges pour les religieux infirmes ou âgés. — Mais est-ce bien là que le luxe irait se nicher? Il est vrai, les découvertes hygiéniques modernes ont obligé à développer davantage ces établissements, afin de leur donner une salubrité indispensable. Les santés actuelles sont devenues si chétives qu'à vouloir ne pas tenir compte de certaines précautions on rendrait les jeunes religieux incapables de remplir plus tard leur rude tâche. Pour ces raisons, l'on peut voir de ces maisons mieux construites, plus vastes, que ne l'eût permis l'antique austérité. Que l'on se rassure néanmoins : l'austérité demeure dans l'ensemble, et nos tempéraments affaiblis ne manquent pas de souffrances, même là où l'on a pu nous placer dans des conditions hygiéniques devenues nécessaires.

Enfin, je ne nierai pas que l'on ne puisse rencontrer, par-ci par-là, quelques propriétés religieuses d'un luxe trop grand. La responsabilité en retombe souvent sur des fondateurs plus généreux et plus artistes que raisonnables. D'autres fois, elle appartient en propre à certains supérieurs qui ont cru bien faire en permettant un peu d'ornementation, mais qui en cela se sont trompés. Rare exception : elle ne fait que mettre en plus puissant relief la sagesse des autres, qui savent allier aux soins indispensables de l'hygiène le souci d'une modération religieuse.

Voilà, en résumé, ce qui reste de cette analyse fondée sur des faits et sur des chiffres. Il reste que la fortune colossale des congréganistes se réduit à 3.125 francs par tête, capital presque entièrement au service des pauvres et dont les religieux ne retirent, personnellement, qu'un modeste logement et, peut-être, — je dis peut-être! — un revenu de quelques dizaines de francs par an. — Le reste de leur entretien doit être gagné à force de travail et de dévouement.

Et dire que parmi eux beaucoup étaient riches dans le monde, beaucoup eussent pu le devenir et monter aux honneurs!

Cette étude sur la richesse prétendue des congrégations ne saurait s'achever sans un mot sur la mainmorte.

La mainmorte! c'est en effet l'épouvantail des épouvantails. Il suffit de le prononcer à la Chambre avec un tremolo d'horreur pour faire frissonner les sectaires et les disposer à tous les attentats contre la justice. Ah! c'est bien pire que la banqueroute!

« La mainmorte! la hideuse mainmorte est à vos portes, et vous délibérez! »

De fait, on ne délibère pas longtemps, on vote, et la liste des iniquités légales compte un article de plus. Qu'est-ce donc que cette fameuse mainmorte?

C'est tout bonnement le régime fiscal des biens qui ne se transmettent pas par testament. Tels sont ceux des départements, des communes, des hospices, des fabriques, des séminaires, des consistoires, des *congrégations autorisées*, de certaines sociétés, etc., etc.

Or, parmi ces nombreuses propriétés, quelle est la part des congrégations autorisées?

En contenance, $^1/_2$ 0/0! c'est-à-dire qu'en supprimant ces possessions des religieux on laisserait subsister 99,50 0/0 de la mainmorte totale.

En valeur, environ 5 0/0 au plus, c'est-à-dire qu'en les confiscant on conserverait 95 0/0 de la mainmorte actuelle.

On voit à quel point l'épouvantail est ridicule. Si la mainmorte est le terrible danger que l'on proclame, pourquoi ne le signaler, pourquoi ne le combattre que chez les Congréganistes, détenteurs seulement d'un $^1/_2$ 0/0 ou de 5 0/0 de ces redoutables biens ?

D'ailleurs, il y a mieux : la mainmorte n'est qu'une pure apparence ; *elle n'existe pas !*

En effet, il est vrai que les propriétés soumises à ce régime sont soustraites aux transmissions par testament : donc pas de droits de mutation par décès. Elles sont pratiquement très rarement vendues ; donc peu de droits de mutation entre vifs.

Ce serait là un avantage, soit ! Mais la loi du 1er janvier 1849 est intervenue pour l'annuler. Elle a frappé ces biens immobilisés d'une taxe spéciale de 62 centimes et demi par franc du principal de la contribution foncière, taxe élevée, par la suite, à 87 centimes et demi ; de sorte qu'une congrégation reconnue acquitte 187 fr. 50 d'impôt foncier pour un immeuble qui, aux mains d'un particulier, ne paierait que 100 francs.

Cette taxe n'a jamais été refusée par les Congrégations. Leurs adversaires prétendent, il est vrai, qu'elle est devenue insuffisante et a cessé d'équivaloir à ce que versent, du fait des mutations, les contribuables ordinaires. Si telle était la vraie raison des lois d'*accroissement*, on les appliquerait à tous les biens mainmortables. Au lieu de cela, on les inflige aux *seuls biens religieux*, portion absolument infime de la mainmorte totale et consacrés, pour la plupart, au service des pauvres. N'est-ce pas une preuve irréfutable qu'il ne s'agit pas d'égalité.

Nous avons donc le droit de conclure que, réduit à sa juste valeur, le célèbre privilège de mainmorte == zéro, ou à très peu près. Par conséquent les biens religieux ne sont pas plus favorisés que les autres, et il n'y a aucune raison de leur assigner dans des rêveries d'imagination montée une puissance d'envahissement à faire frémir.

Car c'est là, n'en doutons pas, ce qui se cache sous ce spectre menaçant, sous ce mot incompris du grand nombre : une folle terreur de voir se multiplier les *biens de moines*. On se les représente gagnant peu à peu, comme une marée envahissante, le territoire du pays, laissant les terres en friche, ramenant le servage, etc., etc., donnant surtout à ces religieux exécrés la puissance de la richesse, dont ils ne manqueront pas d'user pour rétablir l'Inquisition...

Folie que tout cela ! C'est oublier avec trop de sans-gêne l'expérience de ce siècle. Durant quatre-vingts ans, les congréganistes ont joui, non de la paix, mais d'une sécurité relative. On les persécutait souvent; un reste de pudeur empêchait de les voler.

Eh bien, qu'est devenue leur richesse? 3.125 francs par tête, c'est-à-dire, en apparence, 94 livres de rente et, en réalité, rien, ou quelques francs. Et cela, tandis que la fortune nationale s'épanouissait puissamment, tandis qu'industriels, banquiers, commerçants accumulaient les millions dans leurs mains, tandis que les petits rentiers à 800, 1.000, 1.200 francs de revenu se multipliaient, alors que la moyenne de la fortune française s'élevait à plus de 6.000 francs par tête[1].

Restez donc en paix, sans vous effarer de la mainmorte !

Tant que nos Congrégations resteront ce que les proclament actuellement nos ambassadeurs, nos voyageurs, nos statisticiens, nos moralistes,

---

1. D'après les calculs présentés récemment à la Société de statistique de Paris par M. Salefranque, et basés sur les données de l'Enregistrement, la fortune privée, en France, s'élève à 234.934 millions, ce qui donne à peu près 6.150 francs par habitant (*Revue de statistique*, 11 février 1900). Ce chiffre est confirmé par un statisticien américain, M. Mulhall, qui

nos distributeurs de prix Monthyon, c'est-à-dire tant qu'elles resteront charitables, dévouées, héroïques, leurs richesses ne s'augmenteront guère, car elles ont un trop-plein où elles se déversent irrésistiblement : les mains des pauvres !

arrive à 6.300 francs par habitant français (*Revue de statistique*, 21 janvier 1900). La part de chaque religieux est donc moitié moindre que celle de la moyenne de nos compatriotes. Or elle aurait, au contraire, le droit d'être très supérieure. Car il s'agit d'un groupe d'hommes et de femmes en pleine maturité, travaillant énormément, dépensant très peu.

CHAPITRE III

LES CONGRÉGATIONS SONT-ELLES REBELLES ?

C'est le grave reproche que certains leur adressent pour avoir refusé d'acquitter un impôt inique. — Reproche exagéré à coup sûr, car, en les supposant dans leur tort, cette résistance, si justement appelée passive, n'a rien de violent. — Des fenêtres des monastères transformés en forts Chabrol, les briques n'ont pas volé sur les agents ; on n'a pas fermé la porte au nez du fisc impudent. Seulement on lui a dit : En notre âme et conscience, nous sommes convaincus, à l'évidence, que cet impôt d'exception est injuste. Nous ne le paierons pas ; prenez, si vous en avez le cœur, le patrimoine des pauvres et le pain de leurs servantes.

C'est, on l'avouera, une rébellion très douce, celle de l'agneau contre le loup : « Mangez-moi, si vous y tenez ; quant à mettre, de moi-même, ma tête entre vos dents, non. »

Et voilà toute la révolte. C'est modeste,

lorsqu'on vit sous un régime dont la charte fondamentale range parmi les droits « naturels et imprescriptibles de l'homme la résistance à l'oppression » (*Déclaration des droits de l'homme*, art. 2).

Pour justifier les Congrégations, il suffira donc de montrer qu'il y a oppression, c'est-à-dire injustice, violation du grand principe qui s'appelle : l'égalité de tous devant l'impôt.

Le sujet est aride ; il faut cependant, il faut absolument le traiter. Car, j'en suis convaincu, très peu, parmi les honnêtes gens de France, se doutent de l'iniquité monstrueuse commise avec leur complicité, contre la charité, l'innocence, la faiblesse.

Une des adresses des spoliateurs consiste à représenter les congréganistes comme des *favorisés*. Rien de plus faux[1].

Toutes les Congrégations, autorisées ou non, paient dans les conditions ordinaires :

1° L'impôt foncier sur la propriété non bâtie comme sur la propriété bâtie ;

2° L'impôt des portes et fenêtres, *sans bénéficier jamais des immunités accordées aux hospices et aux manufactures ;*

1. Voir : Aug. Rivet, *Étude sur la taxe d'abonnement*, etc., p. 13.

3° L'impôt personnel et mobilier;

4° L'impôt des patentes;

5° Les contributions indirectes de toute nature;

6° Tous les droits de mutation pour les acquisitions et aliénations entre vifs.

Bien entendu, les biens que les Congrégations occupent et qui sont la propriété de sociétés civiles ou anonymes, acquittent tous les impôts afférents à ces sociétés.

Pour les biens qu'ils posséderaient encore en propre, les congréganistes acquitteront également tous les impôts exigés des contribuables ordinaires.

Restent les droits de succession. — Les congréganistes non autorisés les paient identiquement comme tous les autres citoyens.

Quant aux Congrégations autorisées, elles compensent leur avantage par le lourd impôt de mainmorte.

Ainsi *aucune* exception fiscale, *aucune* faveur, Le droit commun pour *tout*, et, pour les successions, une taxe équivalente.

Cela paraîtra peut-être la justice. Eh bien! à notre avis, c'est déjà sinon une injustice, du moins un manque d'équité flagrant.

Comment! voilà des biens destinés, pour la

plupart, au soulagement des pauvres, à l'éducation des orphelins, au soin des malades, et
la société, qui a un suprême intérêt à voir s'accroître ces œuvres d'assistance spontanée, vient,
au contraire, les restreindre, s'emparer de leurs
ressources, les imposer en un mot !

C'est l'égalité, dit-on. Non, ce n'en est que
la caricature. L'égalité exigerait que l'on ne
traitât pas un hospice, asile et patrimoine des
malheureux, comme une maison de rapport.
L'égalité exigerait que l'orphelinat où l'on élève
le pauvre ne payât pas comme le collège où
l'on instruit le riche. — Agir autrement, c'est
établir l'injustice réelle sur l'égalité apparente[1].

Mais, enfin, passons. L'Église et les Congrégations n'ont pas réclamé contre ce régime illo-
gique de droit commun qui met en coupe réglée

---

1. « L'Église, le clergé, partout et dans tous les temps, ont
joui, même chez les païens, de nombreux et importants privilèges. Chez le Grand Turc, dans les pays protestants, et surtout dans les États anglais d'Amérique, le catholicisme, ses
prêtres, ses religieux, ses œuvres, loin d'être regardés d'un
œil jaloux et hostile, sont traités avec respect et sont même
protégés, à cause des services immenses qu'ils rendent à la
société et au peuple. Cette année même (1895), alors que dans
la France catholique on veut nous ruiner par des charges
lourdes et injustes, au nord de l'Amérique, en Nouvelle-Écosse,
une Chambre protestante exempte de tout impôt le séminaire
catholique que la Congrégation des Eudistes vient de bâtir à
Halifax » (R. P. Le Doré, *Simples Observations*, p. 22).

la charité ! Il en résulte seulement que moins de pauvres sont secourus, moins d'orphelins élevés. Les catholiques en gémissent, mais qu'importe à l'État ? qu'importe aux faux amis du peuple pour qui ses intérêts sont, au fond, le moindre des soucis ?

Il importe si peu que voici venir tout un régime de lois d'exception contre les religieux, afin de les empêcher d'aider les malheureux.

C'est en 1880 que commence la campagne ; un homme a le sinistre honneur d'en être le meneur : c'est M. Brisson. Je ne qualifierai pas sa conduite ; la plus cruelle vengeance qu'on en puisse tirer, c'est de l'exposer simplement.

Il existe depuis 1872 une taxe, élevée maintenant à 4 0/0, sur les intérêts, dividendes, revenus et tous autres produits et bénéfices annuels des actions de toute nature et parts d'intérêt, ainsi que sur les intérêts des obligations et des emprunts des *Sociétés*.

C'est donc un impôt qui frappe des revenus parfaitement réels, résultats d'opérations financières. — Cet impôt ne frappe que le revenu *net*, c'est-à-dire le *bénéfice réalisé* après paiement de tous les frais.

Le chiffre en est connu d'après les délibérations

des conseils d'administration. Si, néanmoins, la Société ne déclare pas ses revenus, ils seront établis à raison de 5 0/0 du capital *originaire* de la Société (capital généralement *très inférieur* à l'actif actuel).

Et encore, même en ce cas, si les sociétaires peuvent prouver qu'il n'y a pas eu de bénéfice dans l'année, ils sont exemptés de la taxe.

En résumé, il s'agit d'une taxe de 4 0/0 :

1° Sur le bénéfice *net*, tous frais payés ;

2° A condition *qu'il y ait un bénéfice;*

3° Quand les Sociétés laissent évaluer leur bénéfice à 5 0/0 du capital *originaire*, c'est parce qu'elles y ont intérêt.

Voilà la disposition que la loi de 1884 n'a pas craint d'appliquer aux Congrégations religieuses, *à toutes,* mais en l'aggravant comme il il suit :

« Le revenu est déterminé à raison de 5 0/0 de la *valeur brute* de biens meubles et immeubles, possédés ou *occupés* par les Sociétés, (c'est-à-dire les Congrégations), à moins qu'un revenu supérieur ne soit constaté[1]. »

---

1. Les « Sociétés » dont il est ici question sont, dit la loi de 1884 : « Les Congrégations, Communautés ou Associations religieuses autorisées ou non autorisées et toutes les Sociétés ou Associations désignées dans la loi de 1880, dont l'objet

Passons en revue les injustices entassées dans ce texte.

Première injustice. — Contrairement au régime des Sociétés financières, le revenu est censé exister, même là où il n'existe pas, même là où on prouverait à l'évidence qu'il ne peut exister.

Que rapporte un immeuble rempli de vieillards ou d'orphelins logés, nourris gratis?

Que rapportent le jardin où ils se promènent, la cour où ils s'amusent?

Que rapporte leurs lits, leurs tables, leurs chaises, le linge dont ils se servent?

Quels sont les intérêts produits par les vases sacrés de la chapelle, les tableaux, les statues, l'harmonium?

Rien du tout, dit le bon sens.

5 0/0, affirme le fisc!

Et, pour qu'on n'aille pas crier à l'exagération, voici, à titre d'échantillon, l'inventaire, dressé par les soins de l'enregistrement, d'une commu-

n'est pas de distribuer leurs produits en tout ou en partie entre leurs membres.» Cette dernière partie de l'énumération pourrait faire supposer que les Sociétés *laïques*, qui n'ont pas pour objet de distribuer leurs produits entre leurs membres, sont assujetties à l'impôt. Erreur! Le fisc, si impitoyable au Congrégations, a trouvé, pour exonérer les Associations laïques, d'inénarrables subtilités. La loi n'est faite en réalité que contre les religieux. Ils paient seuls.

nauté très modeste, très pauvre, de religieuses Ursulines.

	francs	cent.	fr.	c.
Meubles......................	1.597,	70		
Lingerie, literie............	6.025,	»		
Mobilier scolaire..........	1.887,	50		
Service de cuisine et réfec-			12.966,45	
toire	1.462,	25		
Ustensiles de cave, jardin..	120,	50		
2 porcs....................	50			
Ornements chapelle........	1.823,	40		
2 maisons avec enclos......	50.000	»	58.000	
Maison louée	8.000	»		

Tout cela est censé rapporter le 5 0/0, soit 3.548 fr. 32, sur lesquels le fisc perçoit le 4 0/0, sans préjudice des autres impôts[1].

Deuxième injustice. — Contrairement au sens commun, la Congrégation doit payer pour un immeuble *occupé*, même à titre onéreux, identiquement comme elle paierait si, en étant propriétaire, elle en touchait la location.

L'asile n'est pas assez grand. Pour héberger gratis vingt vieillards de plus, on loue une maison au prix de 5.000 francs. Un algébriste dirait que cette opération constitue un revenu négatif de — 5.000 francs. Mais le fisc n'est pas algébriste quand il s'agit de religieux ; il va sans

1. Cité par le P. Prélot, *Études*, 15 juin 1894, p. 254.

cérémonie, changer le signe — en signe +. « Ah ! vous *occupez* un immeuble qu'on vous loue 5.000 francs. Tout va se passer comme s'il vous appartenait et qu'il vous rapportât + 5.000 francs. Payez-moi là-dessus le fameux impôt, ci : 200 francs.

Comprenne qui pourra ! L'égalité pour les congréganistes consiste à payer, non sur ce qu'ils *gagnent* (c'est le cas des actionnaires et obligataires des Sociétés financières[1]), mais sur ce qu'ils *déboursent !* « Pourquoi vous réclame-t-on 200 francs, Monsieur l'actionnaire du P.-L.-M.? — Parce que je viens de toucher 5.000 francs de dividende. » — « Pourquoi vous prend-on 200 francs, ma Sœur? Parce que j'ai donné 5.000 francs aux pauvres ! »

O sainte égalité, inscrite sur les murs !

Troisième injustice. — Le revenu est calculé à un taux exorbitant, invraisemblable, contradictoire, et cela pour quatre motifs :

1° Parce qu'on n'en déduit pas les charges, hypothèques, etc.

---

1. On a coutume d'objecter que les Sociétés paient 4 0/0 sur les intérêts des obligations qu'elles versent à leurs emprunteurs. C'est une erreur. La taxe 4 0/0 est, en réalité, acquittée par l'obligataire, c'est-à-dire par celui *qui touche*. La Société se borne à faire l'avance pour lui, mais elle se rembourse en diminuant d'autant le coupon.

Cet immeuble vaut 200.000 francs et rapporte, par conséquent 10.000 francs dans les rêves de la Régie et, en réalité, pas un sou. Mais, quand même il rapporterait cela, il faudrait en déduire les 6.000 francs par exemple payés chaque année au Crédit Foncier, comme intérêt hypothécaire ; de sorte que le revenu serait 4.000 francs et non 10.000. La Régie se refuse obstinément à ce raisonnement élémentaire et exige son impôt sur les 10.000 francs fictifs, sans tenir aucun compte des charges qui les dévoreraient presque entièrement s'ils existaient.

2° Parce que l'immeuble produisant net 5 0/0 est aujourd'hui une chimère, surtout s'il se compose en grande partie de cours stériles et de jardins de promenade.

3° Parce que, dans le cas des valeurs mobilières, supposer le 5 0/0 est très souvent une absurdité et une contradiction.

Une communauté religieuse possède un titre de rente 3 0/0 sur l'État. Combien rapporte-t-il ? — Vous vous moquez, direz-vous ; le 3 0/0 rapporte 3 0/0 ; c'est hors de tout conteste. — C'est en effet l'avis de l'*État débiteur*, et il ne sert que ce taux. Mais voici que ce même État change de veste : il se nomme le fisc. — « Ce titre, dit-il, produit pour vous 5 0/0, et j'établis votre impôt sur cette base. » — « C'est impossible, vous venez vous-même de m'en donner 3 0/0. Comment pourriez-vous supposer qu'il produit 5 0/0? » — « Silence, Congrégation rebelle, quand il s'agit de vous, le 3 0/0 est du 5 0/0... et remerciez-nous encore de n'avoir pas supposé que ce que nous payons 3 0/0 est du 60 0/0. » De fait, pourquoi pas? ce ne serait pas plus absurde.

Quant aux valeurs mobilières industrielles, c'est peut-être plus joli! Le congréganiste paie deux fois. Une première fois par l'intermédiaire de la Compagnie qui avance l'impôt 4 0/0, et le retient sur le coupon; une seconde fois, en qualité de religieux. — Supposons un titre de 3.000 francs rapportant 100 francs et appartenant à une Communauté. On lui retient le 4 0/0; elle ne touche donc que 96 francs, comme ferait un autre possesseur. Mais, *de plus*, ces 3.000 francs, faisant partie de l'actif brut de la Congrégation, *sont censés produire* 150 francs. Là-dessus, on va *de nouveau* percevoir le 4 0/0, c'est-à-dire 6 francs. Donc finalement, là où des citoyens ordinaires versent 4 francs, les religieux paieront 4 + 6 = 10 francs. Vive l'égalité[1]!

---

1. P. Prélot, art. cit.

4° Enfin, et c'est le plus fort, quoique un peu bien subtil à exposer : parce que le taux de l'impôt exigé des Congrégations n'est qu'*en apparence* égal à celui des sociétés financières; il est, *en réalité*, DIX FOIS plus élevé.

Tout le mécanisme de cette délicieuse opération est caché dans ces mots : « Le revenu est déterminé à raison de 5 0/0 de la *valeur brute* des biens... »

Or aucune Société, si prospère soit-elle, ne produit ni 5 0/0, ni 4 0/0, ni 3 0/0, ni 2 0/0, ni même 1 0/0 de son *actif brut*.

Celui-ci comprend des fonds de réserve et d'amortissement, des immeubles, des propriétés, etc., etc., toutes choses indispensables au fonctionnement de l'entreprise, accumulées peu à peu par des prélèvements faits sur les bénéfices *avant distribution*, et dont la valeur totale est souvent *cent fois* plus élevée que le capital originaire ou la somme des actions. Aussi « les actionnaires pourront-ils toucher annuellement jusqu'à 12 0/0 du capital qu'eux ou leurs auteurs ont versé dans la Société et ne pas avoir ensemble 1 0/0 des valeurs qui composent l'actif brut[1]. »

____

1. A. Robert, *les Parias du fisc.*

En pratique, les plus grandes Sociétés financières ne rapportent pas à leurs actionnaires beaucoup plus de 0,50 0/0 de leur actif brut[1]. — Des Associations, fondées dans le *but d'exploiter les biens* actuellement aux mains des religieux, ne parviendraient pas à dépasser ce rendement, ni même très probablement à l'atteindre, étant donnée la vétusté de beaucoup de bâtiments, leur situation, leurs hypothèques. A bien plus forte raison, n'y atteindront pas les congréganistes, qui, loin d'exploiter lesdites propriétés, en font des moyens de bienfaisance.

Eh bien ! voilà que cette *valeur brute*, qui, au grand maximum, produirait 0,50 0/0, est censée rapporter 5 0/0 !!!

— Donc, la taxe est établie pour les Congrégations, sur une base DIX FOIS plus forte que pour les Sociétés.

---

1. « A moins de s'atteler à des calculs pénibles (dit M. Robert, dont la compétence en cette matière est connue), on ne se figure pas aisément que les actionnaires de la Compagnie d'Assurances générales Vie touchent 12 0/0 du capital versé et seulement 0,78 0/0 de l'actif brut ; que les actionnaires de la Banque de France touchent 13 $^{1}/_{2}$ 0/0 du capital nominal de l'action et seulement 0,56 0/0 de l'actif brut ; les actionnaires du Crédit lyonnais, 12 0/0 du capital versé et seulement 0,98 0/0 de l'actif brut... » Les Rentes viagères n'atteignent même pas ces proportions. Elles donnent 0,32 0/0 de l'actif brut.

— Donc les Congrégations paient un impôt DIX FOIS plus fort.

« Appliqué aux Sociétés financières les plus productives, dit M. A. Rivet, le système qui, au nom du droit commun, frappe les Congrégations, produirait une véritable crise : il est aisé de s'en rendre compte en constatant qu'aux actionnaires de la Banque de France, au lieu de prendre 4 0/0 de leur dividende, il prendrait 35 $1/_3$ 0/0 et qu'appliqué aux Assurances sur la Vie, branche Rentes viagères, le 4 0/0 se trans-formerait en 63,59 0/0 du revenu[1]. »

Donc enfin, de quelque côté que l'on se tourne pour l'examen de cette loi, on se heurte à l'injustice flagrante, à la contradiction à l'inégalité sous un masque d'égalité, et, pour tout dire, à la spoliation, à la haine, à l'op-pression (Article 2 des *Droits de l'homme*).

Et néanmoins, — écoutez bien, honnêtes gens à qui je parle, — les Congrégations se sont sou-mises à cet inqualifiable impôt. Elles ont eu le tort de ne pas résister passivement. Pour en arriver à cette protestation si bénigne, elles ont attendu un nouvel attentat.

Le voici : il porte un bien joli nom, celui de

—————

1. A. Rivet, *Etude sur la taxe d'abonnement*, etc., p. 27.

loi d'abonnement. Abonnement à la confiscation : c'est trouvé !

Ce nouvel impôt, voté en 1895[1], n'est, au dire de ses inventeurs, que le célèbre droit d'accroissement transformé ; c'est-à-dire plus facile à recouvrer, mais devant donner le même résultat. C'est donc le droit d'accroissement établi en 1884, dont il faut démontrer la criante injustice.

Ajoutons, cependant qu'en dépit des assertions rappelées plus haut, l'abonnement est encore plus lourd que l'accroissement, mais le fallacieux principe sur lequel on prétend les fonder est le même. Il suffira donc d'examiner ce trop fameux droit d'accroissement.

Il a été soi-disant institué pour faire toucher au fisc les droits de mutation causés par la mort ou la sortie d'un religieux. Le raisonnement est le suivant :

Voici, par exemple, une Congrégation de

---

1. « Le droit d'accroissement... est converti en une taxe annuelle et obligatoire sur la valeur brute des biens meubles et immeubles possédés par les Congrégations, Communautés et Associations religieuses autorisées ou non et par les autres Sociétés et Associations désignées dans les lois de 1880 et 1884 » (Loi du 16 avril 1895). Cette taxe est de 0 fr. 30 0/0 de la valeur brute. Elle a été élevée à 0 fr. 40 0/0 pour les immeubles des Congrégations non autorisées. Quant aux Sociétés laïques, le fisc a soin de leur indiquer, lui-même, un moyen facile d'esquiver cet impôt (Instr. du 6 mai 1895).

100 membres, possédant 300.000 francs. L'un des congréganistes vient à mourir. Rien ne change dans l'œuvre : mêmes charges, mêmes impôts généraux, il y a seulement un ouvrier de moins. Où voyez-vous un accroissement? Il y a un déchet.

Du tout, répond le subtil législateur. La Congrégation possède 300.000 francs. Supposons, par la pensée, qu'à l'instant de la mort d'un des membres cette fortune soit partagée entre tous[1]. La part du décédé est de 3.000 francs, n'est-ce pas? Maintenant reformons, toujours par la pensée, la Congrégation en personne morale. Elle hérite ces 3.000 francs. Donc il y a eu accroissement de sa richesse. En conséquence, elle paiera les frais de succession les plus onéreux : 11 fr. 50 0/0, c'est-à-dire 345 francs (ou, ce qui revient un peu plus cher, l'abonnement annuel de 0 fr. 30 0/0 du capital brut).

Pour apprécier ce stupéfiant procédé, faisons successivement les deux hypothèses possibles : ou la Congrégation est autorisée, ou elle ne l'est pas.

---

1. C'est cette supposition qui est en contradiction avec la définition de la congrégation autorisée. C'est à celle-ci, personne morale, et non aux congréganistes individuellement, qu'appartient la totalité de la fortune.

1° *Congrégation non autorisée.* — L'État ne la connaît pas. Donc le congréganiste est identiquement dans le cas des autres citoyens. Pour transmettre sa fortune par testament, pour recevoir un legs, pour vendre ou acheter, il paie *tous* les droits de mutation ordinaires. Bien plus, en raison même de sa situation spéciale, il se trouve amené à payer plus que le commun des contribuables, pour peu qu'il veuille laisser son avoir à ses Frères en religion. — En effet la plupart des contribuables transmettent leurs biens à leurs enfants, à leurs proches, et ces mutations ne sont soumises qu'à un droit relativement léger. — On évalue la moyenne des impôts testamentaires à 2,63 0/0 des sommes laissées. — Le religieux, au contraire, a pour successeurs des Frères selon la règle, qui lui sont parfaitement étrangers selon le sang. Il versera donc, à peu près invariablement : 11 fr. 50 0/0. C'est déjà fort lourd.

Mais venir trouver ce citoyen qui a acquitté *tous* ses impôts, y compris ceux de succession, et très largement, et lui infliger *une seconde fois*, sous un autre nom, une taxe destinée à payer les mêmes droits (en les exagérant), c'est en exiger l'impôt deux fois et demie, uniquement parce que, dans le secret de sa conscience, il a prononcé des vœux dont l'État n'a pas à connaître et qu'il refuse de connaître.

Donc injustice, *oppression* évidente (*Droits de l'homme*, art. 2).

2° *Congrégation autorisée*. — Il est vrai qu'ici le patrimoine de la Congrégation échappe, de fait, à l'impôt de succession, et c'est tout naturel, car, comme nous le verrons, la succession est impossible là où tout appartient à un être moral qui ne meurt pas. Toutefois, on le sait, cet avantage est annulé par l'obligation d'acquitter la taxe de *mainmorte*.

Le droit de prétendu accroissement va donc avoir pour résultat, ici encore, de faire payer *deux fois* le même impôt[1]. Mais il y a plus : la base même de cette exigence est ruineuse, ou plutôt nulle. Il n'y a pas, il ne peut pas y avoir accroissement par le décès d'un des membres d'une Congrégation autorisée.

Pourquoi? Parce que, de par la loi, ceux-ci

---

1. On a voulu justifier ce droit d'accroissement, qui fait si manifestement double emploi avec l'impôt de mainmorte, en prétendant que ce dernier impôt n'équivalait pas à ce que paient, du chef des mutations, les autres contribuables. Nous avons déjà remarqué que, si cette raison était la véritable, on aurait appliqué la loi d'accroissement à tous les mainmortables, non aux seuls religieux. De plus l'exagération même du taux adopté, 0 fr. 30 0/0, prouve qu'on a eu pour but, non d'égaliser, mais d'opprimer. En effet, d'après nos adversaires,

n'ont aucune propriété personnelle des biens de l'Association. En cas de dissolution, l'État s'en emparerait ou les appliquerait à d'autres œuvres, sans qu'il fût permis aux religieux d'en réclamer leur part. Ils ne pourraient redemander que ce qu'ils auraient donné eux-mêmes.

Qu'est-ce à dire, sinon que la fortune de la Congrégation n'appartient aucunement au Congréganiste. Donc, en mourant, il ne laisse aucune part de ce qui n'était pas à lui. C'est l'évidence même! Pour reprendre un exemple connu, l'actif de l'Association ne s'augmente pas plus au décès d'un de ses membres, que le domaine de Chantilly à la mort d'un académicien. L'Institut de France le possédait avant, il le possède après. Rien n'est changé.

On a objecté, il est vrai, que l'accroissement consistait en ce que la communauté n'avait plus

les biens des contribuables ordinaires paieraient chaque année, en moyenne, pour mutations, 0 fr. 167 0/0. Or, lors de la discussion de 1895, devant le Sénat, le Directeur général de l'Enregistrement admettait que la taxe de mainmorte équivalait à 0 fr. 12 0/0. L'inégalité, s'il y en a une (car ces chiffres sont loin d'être certains), serait de 0 fr. 047 0/0. En adoptant la taxe de 0 fr. 30 0/0 *six fois plus forte*, n'a-t-on pas montré à l'évidence qu'il s'agissait d'infliger une pénalité à des gens qui déplaisent, non de détruire une inégalité, d'ailleurs fort problématique ?

à nourrir le défunt. C'est par trop ridicule! Le religieux n'est pas un rentier qui reçoit son entretien sans en rendre l'équivalent. C'est un excellent ouvrier qui travaille beaucoup et dépense fort peu. Sa mort est donc une perte, non un gain, — d'autant plus que, l'œuvre étant restée la même, il faudra choisir un nouvel ouvrier, moins formé, moins adroit peut-être. Avec ce raisonnement, et si l'on peut se permettre une comparaison triviale, on conclurait qu'un fermier s'enrichit dont un cheval vient à périr.

En effet, il n'aura plus à le nourrir!!!

Au reste, la Direction générale de l'Enregistrement, si âpre dans la suite à traquer le congréganiste, avouait ingénuement, elle-même, dans sa circulaire du 20 juin 1881, que : « Le membre (des Congrégations autorisées) qui cesse de faire partie de l'Association né transmet rien à ceux qui restent. *L'accroissement ne s'opère pas.* »

C'est justement ce que nous disons : l'impôt est sans base, et n'est dès lors qu'une pure mesure de persécution et de confiscation savante. Telle est aussi la conclusion de M. Piou[1] : « Ima-

---

1. *Figaro*, 23 février 1895.

giner une dévolution héréditaire à l'encontre de la loi qui la prohibe ; créer une mutation fictive pour se donner le droit de l'imposer, c'est bien la plus merveilleuse trouvaille que le génie de la fiscalité stimulé par la haine antireligieuse ait jamais faite. »

Si quelqu'un trouvait dures ces dernières paroles et mettait en doute le mobile antireligieux de cette législation, nous lui conseillerions d'étudier la manière dont le droit d'accroissement fut appliqué par la Régie, de 1889 à 1895, époque de la loi d'abonnement, qui fit du moins cesser la scandaleuse invention des déclarations multiples. C'est toute une révélation sur l'*esprit* des lois fiscales contre les Congrégations et sur les *dispositions* féroces de ceux qui étaient chargés de leur exécution. Disons seulement que, grâce à cet artifice, on serait arrivé à exiger des Sœurs de charité un droit de 2.280 francs pour une soi-disant succession de 2.300 francs. Dans une Congrégation de la Gironde, le fisc avait réclamé 1.800 francs d'impôt sur une succession de 877 francs ; au Taillan, dans le même département, le fisc avait touché 229 fr. 50 pour un prétendu héritage de 27 fr. 10. Enfin le tribunal de Charleville constatait avec stupeur (7 juillet 92) qu'on réclamait des droits montant à plus de 6.000 fois la valeur d'une part.

La Cour de cassation finit, à la vérité, par débouter l'Enregistrement de ces folles prétentions. Et, cependant, il s'est produit ce fait extraordinaire : l'Administration a refusé d'accepter cette solution. On ne sait ce qui serait advenu sans le vote de la nouvelle loi[1]..

Telle est, dans ses principaux linéaments, la machine fiscale dressée contre les religieux.

Que l'on nous permette d'en illustrer l'aride description par quelques exemples, quelques comparaisons.

Ils mettront en pleine lumière la confiscation déguisée, la violation d'égalité dont sont victimes les congréganistes.

Voici cinq individus qui, épris d'amour pour l'humanité souffrante, décident de la soulager. Ils achètent un immeuble de 100.000 francs, le garnissent de 10.000 francs de mobilier et y reçoivent de pauvres vieillards, ou des orphelins qu'ils nourrissent, soignent, élèvent.

Qu'auront-ils à payer? Impôt foncier, impôt mobilier, impôt des patentes, impôt des portes et fenêtres (dont ils seront peut-être exemptés).

1. A. Rivet, p. 40.

C'est tout. Il n'y a pas de bénéfices, c'est trop évident. Donc pas de 4 0/0 sur le revenu. Ils sont laïques, donc pas de 0,30 0/0 à payer sur l'actif brut.

Mais, un jour, nos cinq charitables propriétaires se décident à faire des vœux; ils élisent un supérieur, peut-être même ont-ils l'audace d'user de la liberté au point de porter un habit spécial, brun ou noir.

Ah ! dès lors tout change !

Les anciens impôts, ils les paieront comme par le passé. Bien plus, s'ils avaient quelque exemption, elle leur sera immédiatement retirée.

Comme par le passé, si l'un d'eux, en mourant, veut céder son bien aux autres, il devra payer le 11,50 0/0.

Mais, *de plus :*

Leurs biens seront désormais *censés* rapporter 5 0/0 du capital brut, et, sur ce revenu créé, ils paieront 4 0/0.   Ci....... 220 francs

Ils paieront 0,40 0/0 sur la valeur brute de l'immeuble pour compenser les droits de mutation par décès, *qu'ils acquittent cependant par ailleurs.*   Ci........ 400 francs

A reporter......... 620 francs

Report................... 620 francs

Ils paieront au même titre 0,30 0/0 sur le mobilier.   Ci........ 30 francs

Donc, pour châtiment d'avoir fait des vœux, de s'être engagés à perpétuité au service des pauvres, ils paieront chaque année *en plus :* 650 francs

Ont-ils le bonheur de se voir autorisés?

Ils auront, dès lors, l'avantage de ne pouvoir ni vendre, ni acquérir, sans autorisation de l'État.

Ils sont à peu près sûrs de se voir refuser toute autorisation d'accepter les legs qu'on pourrait leur faire.

Ils continueront à acquitter les impôts de droit commun.

Ils paieront *de plus :*

La taxe de 4 0/0 sur le revenu fictif... 220 francs.
La taxe de mainmorte sur l'immeuble.. 120 —
La taxe de 0 fr. 30 sur la valeur brute
  de tous leurs biens................ 330 —
              En tout............. 670 francs.

Déduisons, si l'on veut, la taxe de mainmorte, qui leur confère le droit de se transmettre leur immeuble, sans autres droits de mutation.

Ils paieront encore en ce cas, en punition de leurs vœux et de leur vie vouée à faire le bien : 550 *francs par an, en plus des impôts ordinaires.*

On croit rêver en écrivant de pareils résultats, et cependant c'est la réalité.

Ah! pauvres chers honnêtes gens de France! Voilà pourtant de quelle absurde iniquité l'on vous rend complices!

AUTRE EXEMPLE. — On a comparé ce que paierait d'impôts une Société de rentes viagères ayant un actif brut de 20 millions, et ce qui serait réclamé à une Congrégation autorisée possédant la même fortune.

On arrive à ce résultat[1] :

Là où la Société anonyme paiera 14.496 francs (chiffre fort), la Congrégation paiera 117.596 fr. (chiffre faible), c'est-à-dire : *plus de huit fois plus.*

Au reste, il existe un moyen bien simple, dans sa rudesse mathématique, de prouver que les

1. J'emprunte ce calcul à l'excellent ouvrage de M. Rivet, déjà cité plusieurs fois, *Etude sur la taxe d'abonnement,* etc., p. 60 et suivantes. Il y réfute le calcul inexact apporté à la Chambre par le rapporteur général (*Officiel,* 19 mars 1895). M. Chesnelong, dans la séance du 8 avril 1895, au Sénat, arrivait, par des procédés différents, à des résultats à peu près identiques.

impôts des Congrégations sont des instruments de ruine inévitable.

Nous avons vu que leur *actif brut*, bien qu'en général il ne leur rapporte *rien*, ou presque rien, produirait au plus : 0,50 0/0 de cet actif brut, *s'il était exploité par une habile Société, toute préoccupée de réaliser des bénéfices.*

(La puissante Banque de France ne donne que 0,56 0/0 de cet actif brut ; les Rentes viagères, 0,32 0/0.)

Or, par l'impôt d'abonnement, on prend 0 fr. 30 0/0 sur l'actif brut ; par l'impôt de 4 0/0 sur le revenu, on prend 0 fr. 20 0/0 sur l'actif brut[1].

Ce qui fait : 0,50 0/0 de l'actif brut.

Donc, *s'il y avait des revenus*, ils seraient *totalement absorbés* par ces deux seuls impôts. C'est le 100 0/0 sur le revenu ! Or il reste encore à payer *tous* les impôts de droit commun, plus celui de mainmorte.

On le voit, non content d'absorber la *total té* de ce que serait le revenu (s'il existait !); le isc demande davantage.

C'est donc, chaque année, le *capital entamé;*

---

1. Il est aisé de voir que 4 0/0 sur le revenu calculé au taux de 5 0/0 de l'actif brut équivaut à 0 fr. 20 0/0 de cet actif brut.

C'est, à échéance assez brève, la *ruine parfaite.*

Cela n'étonnera que les honnêtes gens. Quant aux sectaires, ils le savent fort bien, et ils n'ont forgé ces lois que dans ce but[1].

Telle est la situation faite aux Congrégations.

Elle se résume en quelques mots :

1. Voici comment un économiste, M. Georges Michel, apprécie dans *l'Economiste français* l'attitude des gouvernants à l'égard des Congrégations : « En Angleterre et en Allemagne, jamais il ne viendra à personne l'idée de persécuter les membres d'une Association charitable, sous prétexte qu'ils portent une soutane ou se coiffent d'une cornette. On accepte le bien d'où il vient. En France, il en est tout autrement. Est-ce que, tous les ans, le conseil municipal de Paris, qui dispose d'un budget de près de 400 millions, ne refuse pas systématiquement un crédit de 1.500 francs aux Frères de Saint-Jean de Dieu qui élèvent gratuitement plusieurs centaines d'orphelins ? Si encore il se contentait de ne pas voter ces malheureux 1.500 francs, mais régulièrement, il profite de l'occasion pour lancer une bordée d'injures contre la charité congréganiste.

Autre exemple. — S'il y a une institution éminemment populaire dans la meilleure acception du terme, c'est bien cette merveilleuse institution des Petites Sœurs des pauvres... ces braves femmes ne demandent rien à l'État, et nous ne sachions pas qu'elles conspirent contre la République. Néanmoins, elles ont à soutenir une guerre sans merci contre les pouvoirs publics. On n'a pas encore osé fermer leurs maisons, mais on a essayé de les prendre par la famine en les soumettant à *ce monstrueux droit d'accroissement* qui, à un moment donné, les obligera à abandonner des milliers de vieillards qu'elles ne pourront plus nourrir. Ce n'est pas tout : le fisc ne se contente pas de prélever la part du lion sur le budget des plus pauvres parmi les pauvres ; il arrête au passage le courant des legs et des donations qu'il frappe de droits exorbitants. »

1° Mise en dehors du droit commun. Violation du principe d'égalité devant l'impôt. Celui-ci infligé en guise de châtiment aux gens qui déplaisent à la soi-disant majorité sectaire ;

2° Impôts payés sur des revenus qui n'existent pas et calculés à des taux de mille et une nuits ;

3° Impôts payés deux fois, ou deux fois et demie, pour le même objet.

Résultat probable. — Ruine à brève échéance de plusieurs Congrégations et de leurs œuvres. Diminution du nombre d'indigents assistés, d'enfants instruits, de malades soignés. Épuisement ou gêne des Congrégations en France, se répercutant douloureusement dans les missions, et y causant un mal incalculable, tant à la civilisation qu'à l'influence française.

C'est pour ne pas coopérer à de pareilles conséquences que ces Congrégations ont résisté *passivement*.

Les trouvez-vous encore révoltées, rebelles, agressives ?

CHAPITRE IV

LES CONGRÉGATIONS ET LE CLERGE

Divide et impera... C'est la vieille formule de tout despotisme, et un traité abrégé de merveilleuse tactique militaire. Séparer une armée en deux groupes : les éclaireurs et les troupes de ligne. Insinuer à ces dernières qu'on leur rend grand service en les débarrassant de ces turbulents, dont les audaces exaspèrent l'ennemi ; du moins, obtenir quelques heures d'immobilité au nom de la prudence. Fondre alors sur l'avant-garde isolée, tandis que les autres régiments regardent l'arme au pied. Et, une fois l'opération terminée, se retourner en ricanant vers cette armée affaiblie : Maintenant que vous voici sans éclaireurs, sans troupes franches, sans cavalerie légère, à nous deux !

C'est la vieille histoire du siècle dernier. On supprima les Jésuites pour sauver la religion ; puis on courut sus à tous les prêtres.

Voilà ce qu'on veut recommencer. A la

vérité, il y a peu de chances d'abuser la plus grande partie du clergé. Celui-ci sait parfaitement à quoi s'en tenir sur l'hypocrite sympathie de ceux qui ne prétendent le délivrer de toute concurrence que pour le mieux subjuguer ensuite. Aussi, est-ce surtout aux honnêtes gens laïques que l'on s'adresse. « Oui, nous attaquons les congréganistes ; mais c'est dans l'intérêt des prêtres de paroisse, qu'ils gênent et oppriment. Ceux-ci ne demandent, au fond, qu'à être débarrassés de ces aides encombrants. Et les pauvres évêques ! Quelle plaie que ces religieux vagabondant dans leur diocèse, confessant sans leur agrément, prêchant loin de leur contrôle, sortes de Bachi-Bouzouks irréguliers, à la solde de Rome, qui troublent tout, gênent tout le monde ! »

Pour répondre à ce sophisme, il suffira d'exposer, d'un côté, les services rendus par les Congréganistes au clergé séculier ; de l'autre, les vrais sentiments de celui-ci à l'égard de ses auxiliaires.

Les *vrais sentiments*, disons-nous, c'est-à-dire ceux que la volonté accepte, ceux que l'on garde au fond du cœur de plein gré, et non ces quelques bouffées de passagère irritation qui peuvent parfois troubler superficiellement l'union des compagnons d'armes les mieux unis.

— En effet, qu'il y ait eu dans le passé, qu'il y ait encore actuellement quelques démêlés de juridiction, d'influence, de méthode, entre les deux clergés, comme aussi entre les divers Ordres religieux, il serait puéril de le nier.

Mais ces dissentiments sont, en général, de pure surface : querelles de famille qui n'empêchent aucunement l'estime profonde et l'affection vraie ; qui surtout n'empêcheront jamais de faire un seul corps contre l'ennemi de Dieu, lorsque ses intentions se seront franchement découvertes. Veut-on une comparaison ? Il est de tradition, dans nos grands ports militaires, qu'une ou deux fois par an matelots et soldats se livrent à un pugilat homérique. Pourquoi ? On ne sait guère. C'est, au fond, l'exagération regrettable d'une excellente chose : de l'esprit de corps. Chez les uns, fierté de pouvoir se dire fils de l'Océan, bercés par les rudes cahots de ses lames ; chez les autres, amour-propre parfois justement blessé, sentiment de solides qualités militaires mille fois déployées jusqu'à l'héroïsme. Qu'une imprudence vienne à mettre en contact ces deux nobles électricités, l'étincelle jaillit, on oublie un instant qu'on est frères. Et voilà comment ces mesquineries, auxquelles n'échappent pas les plus dévoués amènent périodiquement la bataille. Allez-vous en conclure que les soldats seraient enchantés de voir couler les matelots par l'Anglais? Pas le moins du monde ! Qu'une bouche ennemie profère une insulte au drapeau, qu'une main sacrilège s'étende pour le ravir, vous ne verrez plus que des Français unis dans un même amour de la patrie, et les soldats défendront les marins comme ils se défendraient eux-mêmes.

Ainsi en va-t-il, proportion gardée, des deux clergés. Quelques-uns de leurs membres fussent-ils divisés sur plusieurs points, ils ne font qu'un pour défendre l'Église et pour sauver les âmes. Devant ces grands buts, lorsqu'ils se dévoilent clairement, il s'agit bien de disputailler sur des questions théologiques libres. Il s'agit bien de savoir si la méthode de direction de saint Ignace l'emporte sur celle de M. Olier, ou si le Molinisme doit céder au Thomisme ! C'est l'illusion de ceux qui ne nous connaissent pas ; ils prennent des querelles de détail pour des dissentiments de fond. C'est une erreur : les deux clergés s'aiment et s'estiment; et si, un jour, les Ordres religieux devaient être emportés par la tempête qui s'y acharne, soyez sûrs qu'on verrait tous les bons prêtres, — et ils sont nombreux,

— pleurer sur ces épaves, comme le soldat qui verrait venir à la côte les coques désemparées des grands vaisseaux vaillants, où l'on combattait si fort contre l'ennemi commun et pour le même drapeau.

Au reste, si l'on veut analyser et ne pas se laisser aveugler par quelques incidents, c'est l'évidence même que cette sympathie du prêtre séculier pour les Congrégations.

S'agit-il des Congrégations de femmes? Mais tout prêtre est témoin de leurs travaux et, par conséquent, les admire. Il voit ces saintes filles distribuer l'instruction aux enfants, les soins aux malades, les consolations aux affligés. Il contemple avec bonheur ce dévouement, cette vie de pauvreté, cette joyeuse patience, et il sait à quel prix se remportent ces dures victoires sur la nature. Ils connaît surtout, lui qui se tient au courant des intérêts religieux par le monde, quelle immense traînée de bienfaits laissent ces femmes héroïques, qui vont répandant partout la gloire de la France avec le parfum de la charité chrétienne.

Quant à gêner le prêtre, comment serait-ce possible?

Ces religieuses sont presque partout dans sa main; il est leur directeur, leur conseiller; elles sont l'instrument dont il se sert pour accomplir le bien. — Au reste, échappassent-elles à l'autorité du curé, elles retomberaient sous celle de l'évêque, qui est dans le diocèse leur supérieur.

Des congréganistes non prêtres, on peut dire à très peu près la même chose. Mêmes liens d'assistance mutuelle entre eux et le curé, même dépendance de l'Ordinaire.

Restent donc les Congrégations ou Ordres religieux de prêtres : ceux-là seuls pourraient porter ombrage aux séculiers et surtout aux évêques. Un simple coup d'œil sur ces redoutables bataillons de fantômes va les réduire à peu de chose, et les dangers qu'ils causent, à *rien*.

Les religieux prêtres ne sont en effet qu'une poignée. Si, des 30.000 congréganistes hommes que l'on compte en France, on retire les religieux laïcs, les contemplatifs (Chartreux, Bénédictins, Prémontrés, Trappistes), les novices et ceux qui font leurs études, il ne reste pas plus de 3 à 4.000 prêtres réguliers. Encore pensons-nous forcer les chiffres. Beaucoup d'entre eux sont occupés à l'enseignement, quelques-uns ne combattent guère que par la plume, plusieurs sont inutilisables pour cause de vieillesse ou de maladies chroniques. On voit ce qui peut rester pour l'apostolat direct par les missions, la prédication, le confessionnal. Qu'est-ce que cela, comparé aux 50.000 prêtres séculiers de France !

Mais, de plus, ces quelques réguliers ne sont pas, tant s'en faut, indépendants des évêques. Il est vrai que les membres des grands Ordres, — et eux seulement, — jouissent de ce qu'on appelle l'exemption ecclésiastique, dont il est bien porté de faire grand tapage au nom des libertés de l'Église Gallicane. Pauvres libertés! Si elles n'avaient que cela à craindre!!!

Or qu'est-ce que l'exemption? Le cardinal Bourret, évêque de Rodez, va nous l'apprendre : « Que l'on ne s'effraie pas outre mesure des prérogatives de l'exemption. Un petit nombre d'instituts en jouissent en France, et cette faveur ne les dispense d'ailleurs que d'un droit officiel de visite, qui se compense par plusieurs autres formes de surveillance et d'autorité. Ainsi tous les religieux reçoivent l'approbation des évêques pour les divers ministères qu'ils exercent. Prédications, confessions, conférences, catéchismes, œuvres de zèle et de charité; ils ne font rien sans les avoir prévenus et obtenu leur agrément, que ceux-ci, j'en conviens, sont heureux de leur accorder. » Et, un peu plus loin,

parlant des objections faites contre le ministère
des religieux, il ajoute ces paroles sévères :
« Ces objections d'un ordre spécial ne sont allé-
guées que par quelques laïques prévenus par
des préjugés d'éducation et de race. Tout au
plus, dans les anciens clergés d'État, ou chez les
modernes tenants du jansénisme et du vieux
catholicisme, les trouve-t-on formulées par
quelques prêtres imbus de fausses maximes,
préoccupés souvent de calculs personnels et
voulant quelquefois dissimuler, sous ce prétexte, le peu d'édification de leur conduite ou
l'insuccès de leur ministère. »

« Quant à nous, depuis bientôt dix ans que
nous sommes, malgré notre indignité, placés à
la tête d'un vaste diocèse et qui avons des religieux, et des Jésuites en particulier, dans notre
territoire, nous déclarons hautement que nous
n'avons jamais senti la pointe de cette épée qui
est partout, selon une parole fameuse, et que
ces envahisseurs, ces meneurs de toutes choses
et de toutes personnes, ne nous ont jamais
demandé l'avancement d'un vicaire, ni le dépla-
cement d'un bedeau ou d'un sacristain. Nous
les avons trouvés constamment pleins de
réserve, de tact, de convenance, se tenant merveilleusement à leur place, ne la quittant que

7

lorsqu'on les y invitait et y rentrant aussi mo-
destement et aussi promptement qu'ils en
étaient sortis[1]. »

Voilà donc le spectre de l'exemption abattu à
coups de crosse, par l'un de ceux-là mêmes qui
auraient le droit de s'en plaindre, si elle était
réellement une attaque contre son autorité.

Un autre évêque, dont le ferme caractère
n'aimait pas non plus les empiètements sur son
territoire, Mgr Pie, ne parlait pas autrement :
« J'aime à le dire devant vous, confiait-il à ses
prêtres : mon estime et ma sympathie pour la
Compagnie de Jésus se mesurent sur l'oppo-
sition et la haine dont elle est l'objet de la part
des ennemis de Dieu et de l'Église. Ce sentiment de votre évêque, je sais que vous le par-
tagez tous. C'est que le clergé de Poitiers est
incontestablement un clergé de bons prêtres ; et
l'amour des Ordres religieux, de celui-ci en particulier, est un des traits caractéristiques du
bon prêtre[2]. »

Si l'on trouve ces grandes voix trop perdues
dans le lointain, voici de l'histoire d'hier : ces

1. *Des principales raisons d'être des Ordres religieux dans
l'Église et dans la société*, par Mgr l'évêque de Rodez, 1880,
p. 47, 48, 49.
2. *Vie du cardinal Pie*, par Mgr Baunard, t., I, p. 432.

lettres de cinq évêques français, frappés pour avoir crié publiquement à des religieux persécutés l'expression de leur ardente amitié. Et que d'autres ont exprimé les mêmes sentiments ! mais dont on a jugé meilleur de ne pas révéler les noms.

Voici enfin, pour conclure, la protestation calme et digne du cardinal Coullié, archevêque de Lyon, dans son *Instruction pastorale pour le carême de* 1900. On ne contestera pas l'actualité :

« N'avez-vous pas entendu, naguère encore, un homme d'État affirmer que le clergé des paroisses applaudirait volontiers aux persécutions dirigées contre les religieux ! Répondez à cette calomnie que les prêtres et les religieux sont les soldats de la même armée.

Répondez qu'il n'y a point entre eux d'autres sentiments qu'une féconde émulation dans les œuvres de l'enseignement comme dans tous leurs travaux pour le salut des âmes. »

En résumé, on le voit, ceux qui représentent les religieux comme les ennemis du clergé séculier sont des trompeurs ou des trompés. Que, si les réguliers molestaient leurs frères, point ne serait besoin à ceux-ci de recourir au bras séculier. Il y a à Rome un sénat de cardi-

naux, parmi lesquels il est fort peu de religieux ; il y a surtout un Souverain Pontife qui
ne l'est pas davantage, encore qu'il aime les
Congrégations, parce qu'il aime l'Église. Il
suffirait d'une parole tombée de si haut pour
faire rentrer dans la juste mesure ceux qui s'en
éloigneraient.

C'est pourquoi, de grâce, laissez l'Église se
défendre elle-même ; persécuter les religieux
sous prétexte de l'aider, ce serait une insulte
une hypocrisie ou une naïveté.

CHAPITRE V

LES RELIGIEUX SONT-ILS HOSTILES

A LA RÉPUBLIQUE ?

A priori, ce serait assez étrange, puisqu'ils réalisent, — au désordre et à l'injustice près, — l'extrême idéal des plus extrêmes républicains... une manière de socialisme !

Qu'est-ce en effet que celui-ci ? Un régime où la communauté centralise la fortune de tous, le travail de tous, subvient aux besoins de tous, selon leur étendue, mais sans acception de personnes.

Or c'est justement le tableau de parfaite fraternité offert par les Congrégations religieuses.

Tout individu y travaille pour la collectivité et pour ses œuvres. Qu'il produise peu ou beaucoup, qu'il soit doué de talents puissants, ou réduit au plus humble métier, qu'il soit prédicateur à auréole, professeur à succès, ou pauvre malade à peine capable d'entendre quelques confessions, son salaire personnel est le même : c'est-à-dire le nécessaire pour la vie quotidienne. De privilège, aucun, sinon celui du caractère sacerdotal. Encore celui-ci n'emporte-t-il guère que la simple préséance due aux yeux de la foi, à quiconque est choisi de Dieu pour dispenser la grâce par les sacrements, pour immoler chaque jour l'hostie sainte.

C'est au cloître, et là seulement, qu'on voit sur le pied d'égalité le riche descendant des grands seigneurs et celui dont il n'aurait pas voulu pour domestique dans le monde. Ils sont assis à la même table et se donnent le nom de Frère. Souvent, c'est le grand de la terre qui sert le pauvre paysan; c'est le docteur qui, revêtu du tablier bleu, emporte les assiettes de ses élèves; c'est le vieux religieux couronné de cheveux blancs qui se fait le serviteur de ses Frères plus jeunes.

Et tout cela se fait si naturellement que, seuls, les nouveaux venus y prennent garde.

Il me souvient d'une messe mortuaire qui réunissait autour d'un humble catafalque les familles et les amis de quatre religieux victimes d'un tragique accident. L'un était de vieille noblesse, un autre de bonne bourgeoisie; un troisième appartenait à la classe des paysans ou des petits employés, le dernier à la classe ouvrière. Ces quatre hommes, d'origine si disparate, avaient vécu en frères, étaient morts en s'entr'aidant. Eh bien, s'il eût fallu établir entre eux une gradation, le noble et le bourgeois eussent d'emblée passé au dernier rang, car des deux autres, l'un était prêtre, l'autre à la veille de le devenir. Voilà du vrai, du bon socialisme.

Les supérieurs eux-mêmes n'échappent guère à cette uniformité, du moins dans les Ordres modernes. Même vêtement, même nourriture, même travail. La cellule est parfois plus grande et présente le luxe de quelques chaises supplémentaires. Cependant ce luxe est tellement modéré que plus d'un homme du monde, en pénétrant dans ces étranges parallélipipèdes blanchis à la chaux, éprouve une sensation de surprise et de vide, — dont la nature, malgré tout, continue d'avoir horreur.

Ces supérieurs sont souvent élus républicainement par le suffrage sinon universel, du moins très étendu. Là même où ils sont nommés par un général, ce n'est que pour un temps fort limité, trois ou six ans. Alors le chef redeviendra simple particulier, devra se soumettre à un de ses inférieurs qu'il a peut-être instruit lui-même, qu'il a peut-être formé à la vie religieuse.

Ainsi, rien de plus républicain que ce régime : Travail pour la collectivité ; autorité
confiée pour un temps ; comptes à rendre soit
au chapitre, soit à un supérieur général. Il
n'y manque que l'anarchie, l'arbitraire ; mais
en bonne conscience, cela est-il indispensable
à l'essence de la République ?

Ajoutons que l'immense majorité des Congréganistes sort des rangs de la bourgeoisie ou du
peuple. Ils n'ont donc aucun préjugé de caste,
souvent nulle tradition affermie de famille au
point de vue politique, et sont prêts à accepter,
sans aucune répugnance, toute forme de Gouvernement honnête. Dans les Ordres même réputés, à tort ou à raison, les plus aristocratiques,
les descendants de la noblesse sont très loin de
dominer, et le fier duc de Saint-Simon ne serait
pas embarrassé d'y trouver des successeurs du
P. Le Tellier, prêts à se vanter, comme lui,
d'être fils de paysans.

Soit, dira-t-on... et néanmoins, une impression subsiste en nous que les religieux n'aiment
pas la République.

A mon grand regret, il faut, de toute nécessité,
introduire ici un *distinguo* ; tant pis pour ceux
qui ont si perfidement accouplé un mode de
Gouvernement parfaitement légitime à un

système de persécution parfaitement odieux.

Il y a deux Républiques : la bonne, l'honnête, celle que tout le monde réclame et qui donnerait même aux moines la liberté promise au programme. Celle-là, nous l'accepterions avec un soupir de soulagement.

Hélas ! il y a aussi la République prisonnière de francs-maçons, persécutrice des libertés les plus sacrées, infidèle à ses principes et à ses promesses, qui ne songe qu'à éteindre en France la vie chrétienne et, pour cela, la vie religieuse.

Celle-là, c'est vrai, les congréganistes n'en raffolent pas, encore qu'ils ne conspirent pas contre elle.

Mais, vraiment, n'y a-t-il que les religieux à n'aimer pas semblable système? Il y a, au contraire, des millions de Français en soutane très courte qui ne le peuvent admettre. Jules Lemaître, de Marcère, Drumont, Guérin, Déroulède, Mercier, Rochefort et tant d'autres, sont-ils donc enfroqués? Et pourtant!!!

Si j'osais risquer une comparaison un peu irrévérencieuse, je rapprocherais ces pauvres Congréganistes des chiens dressés à *passer* la dentelle, par les soins des contrebandiers. L'un d'eux, habillé en douanier, administre, sans rime

7*

ni raison, à ses élèves quadrupèdes de périodiques volées de coups de bâton. Bientôt, le pauvre maltraité établit une alliance intime entre l'uniforme des douanes et la violence injuste dont il pâtit. Désormais, chargez-le de dentelle et lâchez-le à la frontière : il fuira comme le feu tout pantalon bleu à bande rouge.

C'est un peu cela. La République se présente à nous sous la forme austère de M. Brisson, occupé vertueusement à vider notre bourse ; sous celle de M. Waldeck brandissant toute la ferraille des vieux décrets ou des jeunes lois. Et vous vous étonnez que les pauvres volés, expulsés, exilés, ne courent pas se jeter d'enthousiasme dans les bras de ces douaniers malveillants ! ! !

Donc les Congréganistes n'aiment pas les lois qui les spolient, ils n'aiment pas les lois qui leur retirent leurs droits de citoyens, ils n'aiment pas les hommes qui les menacent à tout propos pour plaire à la maçonnerie, ils n'aiment pas les politiques qui, pour sauver leur portefeuille, offrent de livrer les Congrégations en proie aux passions haineuses.

Mais une vraie République, sincère, juste pour tous, l'immense majorité s'y rallie, s'y est ralliée, ou bien n'a jamais eu besoin de le faire. Qu'on ne l'oublie pas, encore une fois, le Congréganiste est fils du peuple ou de la bourgeoisie ; il est imbu, dès l'enfance, des sympathies du milieu où il vit. Or il est bien certain que, dans beaucoup de ces familles bourgeoises ou populaires, il n'y a pas ombre d'hostilité contre le régime républicain.

Si l'on entre en religion, c'est entre vingt et vingt-cinq ans ; et à cet âge on ne modifie guère ses opinions politiques, surtout lorsqu'un mot d'ordre tombé de très haut exorte à se rallier sans réserve à la forme de Gouvernement établie.

Maintenant qu'il y ait, dans le nombre, quelques hommes qui veulent rester fidèles à de vieilles et respectables traditions de leur race, rien de plus légitime. Du moins, ces préférences intimes ne les poussent pas dans la voie des oppositions ouvertes ou illégales. Il y a six mois, on bouleversait la France, on perquisitionnait, à tort et à travers, violant secrets de famille et même de conscience. A-t-on trouvé un brin de goupillon dans le Grand Complot ? Rien, rien, pas un crin.

Vous le voyez, les quelques religieux opposés peut-être en leur âme au régime actuel n'ont

pas recours contre lui à de noires machina-
tions. Voulez-vous faire disparaître même ces
exceptions? De grâce, donnez-nous une République assurant à chacun la vraie liberté; vous
verrez comme tous l'accepteront! Ou plutôt
voyez aux États-Unis l'affection des catholiques, des prêtres, des religieux, pour leur Cons-
titution. C'est qu'elle les traite en citoyens et
non en parias.

Je crois donc pouvoir conclure, en toute exac-
titude, que les Congréganistes ne sont aucunement hostiles au régime républicain. Contre la
caricature de ce régime qui les opprime, ils se
défendent, il est vrai, mais légalement, usant
de leurs droits les mieux établis de citoyens, et
sans attaquer la forme même du Gouvernement.

Vous m'arrêtez ici : « Halte-là ! vous avez dit
un mot compromettant pour votre cause. Quoi !
évoquer le souvenir de ces prêtres, de ces
moines batailleurs, qui brandissent la plume
comme la massue du feu archevêque Turpin;
qui lancent les foudres de leur indignation, non
seulement en chaire, mais dans des brochures,
des journaux, des revues! Est-ce là la douceur
évangélique? est-ce une attitude de martyr, ou
même de prêtre? Que celui-ci, que le religieux

surtout, reste dans son église à dire son office, ou
à attendre les pénitents tout près de son confessionnal, rien de mieux. Mais cette allure mili-
tante, si étrangère à celle du clergé rassis,
doux, miséricordieux, qui est notre idéal, nous
ne la saurions tolérer. »

Je pourrais répondre aux allusions de ce réquisitoire. Laissons tout cela, ou du moins le principal ; c'est de l'histoire ancienne, et satisfaction
vous a déjà été donnée, du moins par prudence.

Mais il ne faut pas esquiver une question
quand il est possible de l'éclaircir. Voyons donc
la chose, et au point de vue légal, et au point
de vue des convenances.

La légalité ne peut faire difficulté. Le religieux
n'est pas un pupille, pas un protégé, pas un
fonctionnaire. Sous le régime actuel, c'est un
citoyen, rien qu'un citoyen. De ses vœux, l'État
ne sait rien. Veut-il se marier? Qu'il se marie.
Veut-il acquérir ? Qu'il acquière. Veut-il
désobéir à sa règle? Qu'il la jette aux orties.
Il vote, il est passible des tribunaux communs.
Bref, c'est un monsieur comme un autre. Dès
lors, de quel droit rogner sur ses libertés de citoyen? Vous écrivez bien dans les journaux; il
peut donc y écrire. S'il commet des délits de
presse, poursuivez-le de ce chef. Il y a une loi

pour tout citoyen, et il l'est. La conclusion est
inéluctable.

Non, direz-vous, ce n'est pas un citoyen comme
un autre, parce que le caractère dont il est
revêtu donne à sa parole une autorité singulière.

Parlez-vous de l'autorité que lui confère sa
vertu, sa science, la pureté de sa vie? Le principe ne tient pas debout, car il conduirait à des
conséquences absurdes. Un membre de l'Institut a une autorité singulière. Donc il ne
pourrait plus écrire en faveur de ses convictions politiques ou autres. Un ancien ministre,
un ancien ambassadeur, un magistrat en retraite ont une autorité singulière. Donc ils
devraient s'interdire toute défense de la vérité,
ou, du moins, les moyens vraiment efficaces de
la faire triompher! Plus un homme serait vertueux et savant, moins il aurait le droit de
combattre les abus. De pareilles conséquences,
tirées du principe, suffisent pour le mettre à
terre. Parlez-vous au contraire du caractère
religieux? Encore une fois, il est *nul* au point
de vue *légal*, seul en cause, actuellement. Par
le refus de reconnaître la valeur des vœux de
religion, la loi déclare authentiquement que le
religieux n'est pour elle qu'un citoyen ordi-

naire. Ajoutez que l'on n'a pas même la ressource de prétexter qu'il est fonctionnaire ! On sait d'ailleurs qu'aucun prêtre n'a jamais accepté cette assimilation arbitraire. Il est fonctionnaire de Dieu, c'est assez pour lui.

La légalité étant satisfaite, voyons si les convenances ecclésiastiques permettent au religieux la *polémique* de la presse et de la parole. J'emploie le mot à dessein, et non celui de *politique*. Si, en effet, celle-ci rentre dans le domaine libre de tout citoyen, on ne peut disconvenir qu'elle aille mal à un homme tout céleste. Seulement remarquons bien qu'il est des heures où la soi-disant politique n'est qu'une audacieuse tactique de persécution religieuse. Spolier les pères de famille de leur droit sacré sur l'éducation de leurs enfants, accabler d'impôts les Congrégations, les menacer de dissolution permanente, etc., etc., est-ce de la politique, cela? Pas le moins du monde. C'est la guerre à l'Église, la guerre à la conscience, la guerre à la vérité. Contre ces attaques, l'esprit évangélique n'est pas de céder et de s'enfuir comme le mercenaire à l'approche du loup. Le Maître l'a dit : « Le bon Pasteur, lui, défend son troupeau ; il donne son travail, son repos, sa vie même, afin de sauver ses brebis des fureurs des assaillants. »

Ainsi l'ont toujours entendu les vrais prêtres de l'Église, les Athanase et les Basile, les Ambroise et les Chrysostome. Les apologistes des premiers siècles, saint Justin, Tertullien, Minucius Félix et tant d'autres, ne leur avaient pas laissé un autre exemple. Ils ne se faisaient pas faute de reprocher aux païens leurs vices, leurs injustices, leurs contradictions. Ils savaient mettre en lumière les infamies de leurs dieux et les mensonges de leurs augures. Et pourquoi tout cela? Ah! ici je vais bien étonner plus d'un lecteur. Pourquoi? Tout bonnement par charité.

Ce siècle est celui de l'égoïsme implacable et, en même temps, de la douceur fadasse. Pour beaucoup de gens, la charité, surtout celle des catholiques et des prêtres, semble devoir se proposer comme idéal un type de béate édentée, assise à la porte des églises, disant de bonnes paroles aux méchants, les excusant et les encourageant. Encore un peu, elle leur tiendrait l'échelle, tandis qu'ils dévalisent le sanctuaire et ferait le guet afin qu'ils pussent, à leur aise, détruire la foi dans les âmes. Espèce de vertu mollasse, anémique, dont la bonté sénile n'est qu'une faiblesse ou une lâcheté emmiellée. Or est-ce là la vraie charité chétienne? Ah! mille fois non ! j'en appelle aux Apôtres qui parcouraient le monde romain en dénonçant ses corruptions ; aux pontifes qui résistaient aux excès de pouvoir des empereurs païens, ariens, iconoclastes ; aux saints missionnaires qui flagellaient les abus, dévoilaient les hypocrisies et ne craignaient pas de manquer à la douceur évangélique en démasquant les fabricants de mensonges ou les corrupteurs de la morale.

Eh bien ! de nos jours, la parole d'erreur et de séduction a pris une nouvelle forme. Chaque matin, elle se lamine en feuilles minces où s'étalent la calomnie, l'ignorance, l'appel aux haines sociales et aux persécutions religieuses. On y blasphème la religion, on y falsifie l'histoire, on y insulte ce qu'il y a de plus sacré. Et le crime des crimes, c'est que la graine vénéneuse va sur ses grandes ailes de papier, démoraliser le petit, l'ignorant, celui qui ne peut pas, de lui-même, discerner le mensonge de la vérité !

Comment répondre ? Comment préserver ces âmes que l'on se fait un jeu cruel, et... payé, d'égarer ? Parler dans les églises ? Elles sont trop petites là où l'on y vient. Ailleurs, elles sont trop grandes, car les hommes n'y mettent pas les pieds. L'apôtre moderne prend donc volontiers la plume, il fait tourner ses presses, il réalise ce qu'un grand évêque a dit que ferait saint Paul s'il revivait; il devient journaliste, polémiste. S'il attaque, c'est qu'il le faut pour le bien de ces âmes que l'on trompe et qu'il aime, et dont le sacerdoce l'a rendu le père. Vous vous scandalisez de telle invective, peut-être violente, sortie d'un cœur ardent, contre les ravisseurs de la foi, de la morale et du vrai bonheur du peuple. C'est que vous n'avez jamais entendu le cri qui sort des entrailles d'une mère à qui l'on ravit ses enfants. Ou plutôt oui, vous l'avez entendu et vous l'avez trouvé sublime, et vous étiez dans le vrai. Mais alors excusez le prêtre de Jésus-Christ qui aime passionné-ment les âmes, celles surtout des petits et des humbles tant chéris du Sauveur, s'il laisse parfois, dans l'ardeur de la lutte, monter à ses lèvres un cri d'exécration contre le mal; ce n'est, somme toute, qu'une explosion d'amour.

Croyez-nous donc, ce n'est pas la haine qui souffle au plus véhément des prêtres polémistes le feu qu'il fait brûler dans ses écrits ! La haine ! il en est si loin qu'il prie chaque jour, et dans la sincérité de son cœur, pour la conversion des séducteurs qu'il doit combattre.

Mais, en attendant, remettre le glaive au fourreau, il ne le peut, sans trahir la sainte cause de la vérité, sans abandonner les âmes qu'il a mission d'éclairer, de fortifier, de défendre par tous les moyens légitimes à sa portée.

Est-ce à dire qu'il ne se trompera jamais ? qu'emporté par une ardeur trop humaine il ne dépassera jamais la juste mesure ? qu'il n'outrera pas quelquefois les audaces de la défense ou les mâles témérités de l'attaque ?

L'espérer serait singulièrement méconnaître les forces de l'humaine nature. Mais à qui combat par amour pour les pauvres, les petits, les trompés, à qui n'agit que dans l'intérêt de la vérité, sans ombre de cupidité pour lui-même, ne peut-on montrer quelque indulgence ? Il nous semble qu'on le peut, qu'on le doit.

En résumé, le religieux qui se livrerait à la polémique, même par l'entremise des journaux, revues etc., ne ferait qu'user de son droit strict de citoyen, à charge pour lui de se soumettre, comme les autres, aux lois de presse.

Il n'y a en cela aucune lésion de la vraie charité évangélique, bien au contraire ; celle-ci ne consistant pas à laisser les corrupteurs des humbles opérer en toute liberté et sécurité. Il n'y a en cela nulle hostilité contre la République, à moins que l'on ne veuille soutenir que défendre la religion et attaquer la République, c'est tout un. Les sectaires le prétendent, mais nous n'écrivons pas pour eux ; les aveuglés de la haine ne sauraient voir la calme et simple lumière de la raison.

Je dirai plus : tout homme, quel qu'il soit, qui s'efforce de faire cesser l'odieux cauchemar de persécution **religieuse** dont on fatigue la malheureuse patrie rend à la France et à la République un signalé service ; car un régime d'oppression des consciences ne dure jamais longtemps, et ceux qui le pratiquent au profit de leurs rancunes ou de leurs intérêts n'aboutissent, tôt ou tard, qu'à jeter le pays aux pieds d'un dictateur.

Enfin, en supposant qu'il y ait eu parfois quelques rudesses de plume, quelques fusées d'ardeur intempestive, ce ne seraient que de bien bénignes représailles contre la tempête d'injures, de calomnies, soulevée sans cesse par une presse sans retenue, contre la religion et ses ministres.

Que l'on se rassure d'ailleurs, le jour où le clergé oublierait notablement la modération nécessaire, il est une voix toujours obéie, toujours vénérée, voix d'un sage, d'un père, d'un chef, qui ramènerait instantanément la juste mesure dans les paroles et les écrits : *Ecce non dormitabit qui custodit Israël.*

CHAPITRE VI

LES JÉSUITES

Il est malheureusement nécessaire de consacrer un chapitre spécial à ces criminels spécialement désignés à la vindicte publique. C'est que, eussions-nous partie gagnée pour tous les autres religieux, on croirait encore devoir faire une exception contre ceux-là !

— Pourquoi, demanderai-je ? En connaissez-vous quelqu'un ?

— A Dieu ne plaise, Monsieur, je ne fréquente que chez les honnêtes gens.

— Parfait ! Donc vous n'avez jamais parlé à un Jésuite ?

— Pardon, car je veux être entièrement exact. J'ai connu jadis un charmant garçon, intelligent, honnête, qui s'est fourvoyé dans la bande. Inutile de vous dire que je ne l'ai pas revu.

— Ah ! il a cessé d'être intelligent ou... honnête ?

— Ni l'un ni l'autre, il en est incapable ;

mais il *ne sait pas*, le pauvre garçon! Il est, sans s'en douter, l'instrument inconscient des rusés de la Compagnie. Comme on 'le disait jadis du P. de Ravignan : « Il a la candeur de se croire Jésuite ! » Il ne le sera jamais. On ne lui dira jamais le fin du fin et les redoutables secrets.

— A merveille. Voulez-vous me permettre une simple question ? Je vois que vous avez sur les Jésuites des opinions très arrêtées. Oserais-je vous demander comment vous vous les êtes formées ?

— Eh ! mon Dieu, peu à peu. En lisant mon journal, peu teinté de cléricalisme, je l'avoue, mais qui semble bien informé et ne dit que du mal de la célèbre Compagnie. Quoi encore ? Ah ! oui : les fameux discours de Paul Bert en 1879, l'écrasant réquisitoire de Montlosier, *le Juif Errant*, et même, lorsque j'étais jeune, deux ou trois *Provinciales*.

— Voilà le contre. Qu'avez-vous lu *pour*?

— Pour ? Je ne saisis pas.

— C'est pourtant bien simple. Vous êtes trop instruit pour ignorer que tout cela a été cent fois rectifié. Pascal est traité de calomniateur de génie par Chateaubriand, qui appelle les *Provinciales* un mensonge immortel. De Maistre lui fait écho, et Voltaire s'indigne qu'on puisse juger les Jésuites sur cette satire passionnée. Montlosier était notoirement toqué. Paul Bert a été fortement et victorieusement convaincu d'erreur. Quant à ce que dit votre journal, cela a été réfuté si souvent qu'on ne se donne même plus la peine d'y répondre. Vous direz que vous n'êtes pas obligé de nous croire sur parole. C'est très vrai, et nul ne le demande. Ce dont nous vous supplions, c'est d'examiner loyalement la défense, puisque vous avez écouté l'attaque; attaque trop passionnée pour n'être pas suspecte à un juge de bonne foi, attaques traitées de pures calomnies par des hommes de haute valeur. Tel est le sens de ma question. Avant de condamner, avez-vous entendu la défense ?

— Ma foi non ! Et je confesse, un peu à ma honte, n'y avoir pas songé. La Compagnie des Jésuites m'a toujours paru, par axiome, si ambitieuse, si intrigante, si corrompue, si menteuse, si antihumaine en un mot, que je n'ai jamais pensé à vérifier le postulatum de son atrocité, docilement admis dès mon enfance.

Ici encore, la première impression sera que je « charge ». Eh bien ! non. Que l'on veuille bien réfléchir ; que l'on fasse, de bonne foi, le compte

des lectures faites *pour* ou *contre* le Jésuite. On
verra que le *contre* est légion, le *pour*, rien ou
presque rien. A-t-on lu une histoire sérieuse de
la Compagnie de Jésus? A-t-on parcouru la vie
de son fondateur, ou celle tout aussi prodigieuse
de ses saints et de ses hommes illustres? entendu les innombrables témoignages rendus en
sa faveur par une vingtaine de Papes, par des
milliers d'évêques? A-t-on recueilli les aveux
des protestants, Grotius, Leibnitz, Bacon? C'est
ce dernier qui disait : « Plût à Dieu qu'étant
ce que vous êtes, vous fussiez des nôtres! »
Connaît-on les paroles favorables échappées à
Voltaire, à Michelet même? S'est-on donné le
plaisir de savourer leur défense si française,
si pleine de bonne humeur légèrement hau-
taine, faite en plein Parlement par le bon
roi Henri IV? Surtout a-t-on lu attentivement
l'apologie du P. de Ravignan[1], sortie de ce
noble cœur tout imprégnée de dignité triste,
de sincérité indiscutable. On ne saurait mentir
de la sorte; et, quand l'incomparable hauteur d'âme du grand religieux ne serait pas
garante de sa véracité, il y a dans ces accents
un timbre d'austère pureté que le mensonge

1. *De l'Existence et de l'Institut des Jésuites.*

ou l'inexactitude ne sauraient reproduire. Tout homme honnête qui ne veut pas s'exposer à l'indicible malheur de haïr des innocents, — et surtout de les calomnier, — *se doit à lui-même* la lecture de cette courte brochure. Et, ensuite, je m'en remets à sa conscience, assuré du résultat.

Il ne reste qu'une ressource, celle dont on usa lors de l'apparition de cette illustre protestation, dire : « Le P. de Ravignan a la candeur de se croire jésuite ! Il ne sait pas tout, il ne sait pas à quelle besogne on l'emploie sans qu'il s'en doute. » Étrange et absurde assertion que chacun répète pour les Jésuites qu'il connaît individuellement : Ah ! celui-là, il est honnête. Mais c'est qu'il ne *sait* pas ! Il ne connaîtra jamais les secrets des chefs !

Je n'ai pas l'intention de refaire un plaidoyer en forme pour la Compagnie de Jésus. Il est fait, je le répète, dans le livre du P. de Ravignan et il est incomparable. Que si, dans le flot d'accusations qui a continué de couler depuis lors, il se rencontre par hasard quelque invention nouvelle, elle a été de nouveau victorieusement submergée lors de la discussion de l'article 7[1]. Mais cette objection, pyramidale :

1. Voir, outre les réponses du P. Clair à M. Paul Bert : *Balaam à Versailles; — Un Ministre calomnié; — Suis-je*

« Les Jésuites honnêtes sont, *sans le savoir*, les instruments de chefs rusés et exécrables », il faut y répondre carrément, tout difficile qu'il soit de garder son sérieux !

Je dis donc que l'explication est invraisemblable. Si les Jésuites, pris en corps, sont ce que l'on dit, il est *absolument impossible* à un honnête homme d'être jésuite, car il lui est *absolument impossible* d'ignorer les méfaits, les tendances scandaleuses de son Institut.

Donc pas de milieu :

Ou la Compagnie de Jésus est innocente des scélératesses qu'on lui prête, ou *tous ses membres* sont des canailles.

En effet. On accorde aisément qu'ils ne sont pas des imbéciles. Beaucoup sont d'excellents élèves de leurs collèges ; pas mal sont d'anciens avocats, ingénieurs, officiers, médecins, etc.

Cette perspicacité native est aiguisée par de longues études, aucunement exclusives : littérature, histoire, philosophie, théologie, viennent à leur tour développer ces esprits et leur ouvrir des horizons sur les quatre points cardinaux du monde intellectuel.

Francais? par le P. Longhaye; — *La Morale des Jésuites*, par de Badts de Cagnac ; — la IVe lettre du comte de Mun dans son beau livre *Loi des Suspects*.

Souvent, ils étudient dans les Facultés de l'État, entendent les maîtres universitaires, travaillent sur leurs ouvrages. Toujours, en tout cas, les nécessités de l'enseignement ou de la controverse les mettent en contact avec l'esprit moderne de critique et d'examen. Au reste, est-ce bien nécessaire ? Rien, comme la philosophie et la théologie scolastiques, ne développe les facultés méfiantes et scrutatrices de l'intelligence. C'est un perpétuel exercice de juge d'instruction au service de la vérité.

Voilà comment est formé le Jésuite, et je pourrais citer telle classe de théologie que j'ai fort connue, où, sur une trentaine d'élèves âgés de trente à trente-cinq ans, la grande majorité avait le diplôme de licencié ès lettres ou ès sciences, plusieurs même le bonnet de docteur. Quatre sortaient de l'École Polytechnique, d'autres de l'École de Droit, de l'École des Chartres. Quant à ceux qui se trouvaient dépourvus de ces diplômes, c'était tout bonnement que l'occasion leur avait manqué de les prendre et nullement la capacité.

Eh bien ! comment voulez-vous qu'un pareil groupe d'hommes en pleine maturité, ayant déjà dix ou douze ans de vie religieuse, ne voient pas à ce moment, ne voient jamais dans la suite de leur vie qu'ils sont de misérables instruments aux mains d'une Société malfaisante, intrigante, fourbe, menteuse ?

Ne sont-ils pas sur leurs gardes ? Ils le sont mille fois, car ils savent tout ce qui se répète contre leur Institut ; nul ne songe à leur en faire mystère.

N'ont-ils pas les moyens de s'éclairer ? Ils les ont tous. Car ils vivent avec leurs supérieurs du matin au soir. Ils les voient prier, converser, manger ; ils entrent à chaque instant dans leur chambre. Ils connaissent les ordres qu'ils donnent, en voient l'exécution et les conséquences.

Et vous voulez qu'à côté de ces Jésuites honnêtes, — vous les supposez tels, — se pratiquent des manœuvres d'iniquité sans qu'ils s'en aperçoivent ! Bien plus, qu'on se serve d'eux pour ce travail de potence ! Mon supérieur jouera de moi pour forcer des vocations, capter des héritages, diffamer des innocents, empoisonner des ennemis, et je ne m'en apercevrai pas ! Et cela durera vingt ans, trente ans, quarante ans, sans que je m'en doute ! Le bruit de ces agissements infernaux remplira le monde, fera tressaillir *le Siècle*, vaciller *la Lanterne*, hésiter *le Temps*, et moi, triple niais, triple idiot, je ne verrai pas ce qui se fait à mes côtés, ce à quoi je coopère !

C'est le comble de la déraison ! Et c'est pourquoi, je vous en supplie, dites que nous sommes tous des fourbes, des infâmes. Soit ! C'est invraisemblable, contraire à l'opinion de ceux qui nous connaissent, mais enfin ce n'est pas absurde.

Mais dire que nous sommes de pauvres innocents, dupés, nous dont les yeux sont ouverts par mille défiances ! Non, non, c'est trop impossible.

Ainsi, choisissez : Ou la Compagnie de Jésus est innocente des forfaits qu'on lui prête ;

Ou il n'y a pas un seul jésuite honnête.

Tous des canailles !

Canailles : nos saints, nos savants, nos missionnaires !

Canailles : Bourdaloue, Bellarmin, Suarez !

Canailles : les Olivaint, les Ravignan, les Secchi, les Milleriot !

Tous ceux que vous connaissez, que vous avez connus, que vous connaîtrez, tous ceux qui ont versé leur sang au Japon, aux Indes, en Amérique, en Afrique ; tous ceux qui continuent intrépidement le même apostolat des missions (ils y sont 3.789 !); tous ceux qui sont morts dans les hôpitaux en soignant les pestiférés ; tous ceux qui ont été à Cayenne adoucir, au prix de leur vie, les souffrances des forçats ; tous ceux qui, dans leurs collèges, ont élevé des milliers de bons Français ; tous ceux qui ont marché à côté de nos soldats en Crimée, sur la terre de France envahie, à Madagascar ; *tous*, *tous*, des fourbes, des menteurs, des imposteurs, des canailles ! ! !

Dites cela si vous vous en sentez le cœur, mais alléguer l'excuse d'ignorance, c'est *impossible*. *Tous* nous savons *tout* sur l'esprit de la Compagnie, sur son but, sur ses moyens.

Et, puisque vous faites à plusieurs d'entre nous l'honneur de les proclamer honnêtes gens ;

Puisque vous n'admettez pas, — et avec raison, — qu'ils puissent rester sciemment dans une Association fourbe, ambitieuse sous couleur de vertu, malfaisante en un mot ;

Puisqu'il est prouvé à l'évidence qu'ils savent *tout* sur ladite Association, à moins qu'ils ne soient de parfaits imbéciles ;

La conclusion s'impose inéluctable et la voici :

La Compagnie de Jésus n'est pas, ne peut pas être, ce que prétendent ses ennemis, une entreprise de fourberie, de captation, de domination ambitieuse.

Ses principes ne peuvent pas être ceux qu'on

lui attribue et que l'on dit cachés dans de soi-disant *monita secreta*, dont le secret eût été pénétré depuis longtemps par les premiers intéressés, je veux dire par les Jésuites honnêtes.

Ses moyens ne peuvent être ces cauteleux procédés d'hypocrisie écœurante et de savants mensonges, qui n'eussent pas échappé à la perspicacité en éveil desdits honnêtes Jésuites.

C'est donc un ordre religieux comme les autres, qui cherche à procurer la gloire de Dieu et le salut du prochain, par des moyens licites et nullement ténébreux. Sans doute, dans son admirable histoire, si profondément inconnue de ceux qui la jugent, on peut relever des erreurs et des fautes ; parmi ses membres tous ne sont pas, autant qu'ils le devraient, vertueux, savants, habiles. Rien d'étonnant : c'est une assemblée d'hommes fragiles, non d'anges impeccables. Mais l'esprit de la Compagnie, ses principes, sa formation, ne sont pas cause de ces imperfections trop réelles et bien moins des abominations imaginaires dont on charge ses enfants. En revanche, elle a produit, en grand nombre, des savants distingués, des éducateurs émérites, des missionnaires dévoués jusqu'à la mort;... mieux encore : des martyrs et des saints. Tout ceux-là l'ont aimée comme on aime une mère, tous ont protesté n'avoir reçu d'elle que le pur esprit de l'Évangile, tous ont attesté que par elle ils étaient ce qu'ils étaient. J'en croirais ces géants de sainteté et de science quand même je n'aurais pas, moi-même, l'évidence absolue qui luit à mes yeux. Et voilà pourquoi, je puis l'affirmer sans possibilité d'errer : la Compagnie de Jésus est pure des crimes, des ambitions, des fourberies, des tendances malicieuses qu'on lui impute.

Cette justification me suffit, car, je le répète, elle jaillit forcément de deux prémisses indiscutables : 1° l'honnêteté de beaucoup de Jésuites intelligents, qui est accordée par tous leurs ennemis de bonne foi; 2° l'impossibilité évidente où ils sont d'ignorer toute leur vie ce qui se machinerait à leurs côtés et avec leur aide.

Quant aux attaques de détail, on les trouvera victorieusement réfutées dans les admirables ouvrages indiqués plus haut. On y verra en particulier ce qu'est l'éducation des Jésuites et quel amour de la patrie ils savent inspirer à leurs élèves. Des certificats de civisme écrits avec du sang ne se discutent pas. Ils sont authentiqués par le fait.

Un mot seulement sur un grief particulier,

parce que cette explication confirmera ce qui fut dit plus haut sur l'obéissance religieuse en général. Celle du Jésuite ne diffère pas, dans les grandes lignes, de celle des autres religieux. Seulement, appelé à une perfection d'obéissance toute spéciale, il se préoccupe aussi davantage d'en préciser les limites. Chaque mois, dans la lecture de ses règles, on lui rappelle que, s'il doit être parfaitement soumis aux ordres des supérieurs, c'est seulement là où il ne voit pas de péché à obéir (*ubi peccatum non cerneretur*). Cette doctrine est enseignée dès le noviciat. On l'étudie plus à fond encore dans les années consacrées à la théologie morale, et l'on sait que ces études sont longues et approfondies[1]. Bref, plus qu'aucun autre, le Jésuite sait que le vœu d'obéissance cesserait radicalement de l'obliger si on lui commandait de commettre la plus vénielle des fautes vénielles. Le *perinde ac cadaver* n'est donc pas une formule de déliquescente annihilation. La conscience du

1. J'ajouterai qu'elles ne sont aucunement exclusives. L'étudiant trouve à sa disposition tous les grands auteurs séculiers ou réguliers des autres Ordres : Dominicains, Franciscains, Rédemptoristes, etc. Il n'est donc pas possible que, sur un point aussi important, il ne connaisse pas la doctrine unanime des Docteurs, y compris ceux de la Compagnie, doctrine qui limite l'obéissance, comme nous l'avons dit.

religieux reste bien vivante, vigilante senti-
nelle chargée de vérifier toujours lá licéité de
l'ordre reçu.

En voilà bien assez sur les rêveries anti-
jésuitiques. On sait maintenant où se renseigner.
Cela me suffit. Du jour où les honnêtes gens
liront, sur ce sujet, la simple vérité, leurs
préjugés se fondront, et ils verront en nous des
religieux comme les autres, désireux de glorifier
Dieu, de servir la religion, la patrie, l'humanité.

CHAPITRE VII

UTILITÉ DES RELIGIEUX. — MINISTÈRE

APOSTOLIQUE ET ENSEIGNEMENT

A quoi servent les religieux?

C'est une question que se posent beaucoup de gens mal familiarisés avec les choses de l'Église et les besoins de la vie chrétienne.

Bien des réponses y ont été faites déjà, au cours de cet opuscule. Taine a, de son pinceau magique, brossé à tour de bras un tableau d'ensemble, incomplet sans doute, mais puissant et vrai. Mᵍʳ Bourret a précisé quelques contours, avec sa grande autorité et son irrécusable expérience. Il n'est pas jusqu'aux protestants qui n'aient ajouté de beaux traits, par l'expression de leur admiration et de leur envie. Toutefois, il nous faut maintenant présenter un exposé plus détaillé des immenses services rendus au pays par les Congréganistes. Divisons ce vaste sujet en trois parties : les œuvres charitables ; les missions et leur influence patrio-

tique; l'enseignement et le ministère apostolique en France.

Commençons par ce dernier chapitre.

Je ne m'adresse pas, — répétons-le, car tout
est là, surtout en pareille matière, — à des
sectaires, dont l'esprit, fermé à l'émeri du maté-
rialisme, ne saurait comprendre chez les autres
des besoins d'idéal qu'ils se disent incapables
de ressentir. Je parle à des gens honnêtes, vraiment partisans de la liberté, et qui, s'ils n'ont
malheureusement que des aspirations religieuses
terriblement vagues, admettent cependant chez
les autres des convictions plus positives et
veulent leur laisser les moyens d'y conformer
leur vie et l'éducation de leurs enfants. Il leur
suffira donc, pour tolérer les religieux, de cons-
tater qu'ils rendent service à ceux de nos concitoyens qui pratiquent la religion catholique.

Le clergé séculier peut-il tout faire seul?
Non. D'abord, dans certaines villes, il est, je ne
dis pas surchargé, mais écrasé. Telle paroisse
parisienne compte 70.000 à 80.000 habitants
et dix ou douze prêtres pour la desservir! Il
leur faut confesser ceux qui le désirent, bap-
tiser les enfants, enterrer les morts, célébrer
les mariages, faire des catéchismes, des prônes,
visiter les malades, leur porter les derniers

sacrements ! Si le quart seulement de la population pratiquait sérieusement, il serait impossible de la satisfaire.

Donc, la première utilité des religieux prêtres est de décharger d'autant le clergé séculier.

En voici une seconde : avec un pareil fardeau, celui-ci n'a que bien peu de temps à donner à la prédication, qui demande de longs travaux préparatoires, le recueillement d'une vie d'études, des journées non interrompues par de perpétuels dérangements.

Il faut donc des prédicateurs de profession. Or c'est ce que fournissent en grande quantité les Ordres religieux. Ils peuvent assurer plus aisément à leurs membres la longue préparation requise ; et l'absence même des entraves imposées par un ministère paroissial régulier assure des loisirs favorables à l'éclosion des talents oratoires.

Les sermons de Carême, d'Avent, de fêtes, suffisent-ils à entretenir les fidèles en pleine santé spirituelle ? Non. Le corps a besoin parfois d'une cure extraordinaire : station de bains de mer, séjour des montagnes, habitation dans l'air épuré des campagnes. Ainsi en va-t-il des âmes. Elles, aussi, languissent souvent, dans l'atmosphère trop exclusivement terrestre des

intérêts matériels ; la routine les affadit ; elles
ont besoin des grands horizons des vérités
éternelles, besoin d'aspirer à flots les brises
vivifiantes qui soufflent du ciel. Voilà pourquoi il faut des retraites, des missions, dont
le rôle est de tonifier le chrétien et de faire
circuler dans son cœur, plus chaud, plus généreux, le sang de la vie surnaturelle. Or, pour
diriger ces retraites ou ces missions, il est
nécessaire d'avoir des hommes formés de longue
main à ce sublime, mais difficile labeur. Les
saints ont tracé de grandes voies lumineuses,
allant de l'abîme du vice aux cimes radieuses
de la sainteté. C'est bien. Mais il faut des
guides expérimentés pour y diriger les chrétiens. Faute de cette expérience, la divine thé-
rapeutique de la mission s'alanguira dans le
vague ou se perdra dans l'impossible. Cette
œuvre spéciale demande des ouvriers spéciaux,
qui sont presque toujours les religieux. Fils
de saint François, de saint Dominique, de
saint Ignace, de saint Alphonse, ils ont chacun
leur méthode, où ils sont passés maîtres, et
qui produit entre leurs mains d'étonnants
résultats de salut. Le clergé paroissial, lui, n'a
pas, en général, cette longue expérience, ce
maniement des exercices que seule transmet

la tradition, aidée d'une perpétuelle pratique.

Puis il n'est pas organisé. Pour donner une retraite, on doit, une semaine durant, y consacrer ses journées entières, prêcher quatre ou cinq fois chaque jour, confesser et diriger le reste du temps. Allez donc demander cela à un prêtre déjà accablé de besogne! S'agit-il d'une mission dans une ville. C'est bien autre chose! Il y faut vingt, trente prédicateurs rompus à ce rude ministère, opérant à peu près de même, sous une direction unique, libres de toute autre occupation. Il faut qu'ils aient préparé de longue main leurs instructions, leurs catéchismes, leurs cérémonies. Bref, ici encore, il faut un corps d'armée spécial, préparé pour cet effort spécial.

Enfin il y a un autre avantage à cet appel de missionnaires étrangers, qui viennent, s'inclinent sur les âmes pour les décharger du lourd secret de leurs fautes, puis repartent en leur laissant la satisfaction d'un parfait incognito. Que d'aveux nécessaires, retenus jusque-là par la honte, versés à cette occasion dans le cœur de ce prêtre inconnu que l'on ne reverra jamais. Puis, il y a l'orgueil qui empêche tel homme de s'adresser à son curé; il y a l'accoutumance qui finit par rendre vulgaires même

les plus hautes vertus, lorsqu'on vit trop longtemps à côté d'elles; il y a la routine qui
émousse les plus sages conseils. La mission
arrive. Tout cela s'évanouit. On s'agenouille
sans répugnance aux pieds de ce vieux moine
auréolé de cheveux blancs; ses avis ont au
moins une forme différente, dont la nouveauté
excite l'attention, dont la chaleur émeut l'âme
et la change. Contre lui, ni amas de griefs plus
ou moins justifiés, ni ressentiments injustes
ni rancunes d'amour-propre ou d'intérêt soi-
disant blessés... C'est l'apparition pacifiante et
anonyme du ministre de Dieu, du messager de
paix, de miséricorde qui peut, grâce à sa posi-
tion exceptionnelle, planer au-dessus de tout ce
qui divise et calmer les cœurs malades ou
ulcérés.

Tels sont les services que peuvent rendre les
religieux dans le ministère apostolique. Il en
est un autre, plus indirect peut-être, mais tout
aussi utile : le développement des sciences ecclé-
siatiques.

L'Église n'est pas une intellectualité stagnante,
croupissant dans une ignorance marécageuse et
malsaine comme toutes les paresses. C'est toujours le champ du Père Céleste, arrosé par un
double fleuve : celui de la sainteté et celui,

presque aussi nécessaire de la science. Et voilà
pourquoi il coule sans cesse à travers les temps,
ce flot des Pères, des Docteurs, des Apologistes, des Théologiens, des Philosophes, des
Savants chrétiens, répandant partout la vie,
prêt à baigner toute âme, toute intelligence et à
y faire germer la vérité. Or, depuis de longs
siècles, à perte de vue dans l'amont des âges,
ce flot bienfaisant est surtout formé par les religieux. Rien de surprenant. Il faut de longs et
pénibles loisirs pour former des savants ; il
faut la ferme discipline monastique pour
astreindre des hommes en pleine maturité,
dévorés eux aussi de zèle apostolique, à incli-
ner sur les in-folios poudreux une tête déjà gri-
sonnante ; il faut des bibliothèques bien mon-
tées, fruits et merveilles de l'épargne des
siècles ; il faut des traditions qui servent de frein
aux témérités des ardents ; il faut des générations spirituelles de professeurs et d'élèves,
le disciple devenant maître à son tour et trans-
mettant, encore accru, à ses auditeurs, le trésor
qu'il a reçu lui-même. Aussi allez errer dans une
bibliothèque théologique ; sur le dos des volumes,
ce ne sont guère que noms de moines ou de religieux. Saint Bernard, saint Anselme, Albert le
Grand, l'incomparable saint Thomas et ses

commentateurs dominicains ; saint Bonaventure, Scot, les théologiens de Salamanque, Suarez, Bellarmin, Petau, saint Alphonse de Liguori, voilà les grands maîtres : tous ont écrit au cloître. Examinez les traités d'aspect moins archaïque. Voici Billuart, Ziglaria, Monsabré et toute l'école dominicaine. Voici Perrone, Franzelin, Liberatore et l'école jésuitique. Ces théologies morales sont l'œuvre des Rédemptoristes, des Jésuites, des Franciscains. Ces cours immenses d'Écriture sainte sont signés de religieux de toute robe.

Dans l'Ascèse, c'est la même chose, et, sans oublier les enseignements de Gerson ou de saint François de Sales, on peut dire néanmoins que la grande part revient encore aux écrivains monastiques ou réguliers : ils sont tellement nombreux et connus qu'il serait superflu de les nommer.

Certes, ce n'est pas à dire que le clergé séculier n'ait pas produit d'admirables travaux. On serait mal fondé à le prétendre dans la patrie de Bossuet, de Frayssinous, de Rohrbacher, de Gorini, de Mgr Freppel, pour ne citer que quelques noms. De nos jours surtout, une ardeur studieuse s'est emparée du jeune clergé et l'a poussé dans la voie de la science. Des maîtres admirables l'ont encouragé de leurs exemples, et il est peu de monuments plus précieux que les travaux des Vigouroux, des Lehir, des Bacuez. Il reste cependant, croyons-nous, que, par la force des choses, dans le développement des sciences ecclésiastiques, une part dominante est réservée aux religieux. Ce n'est pas à leur louange que je le dis. Non. C'est tout bonnement la résultante d'un ensemble de faits, qui les placent dans le milieu favorable au travail intellectuel. Les prêtres qui voudraient se trouver dans ces conditions devraient presque absolument abandonner le ministère paroissial et, pratiquement, se mettre dans la situation de vie des réguliers.

Combien parmi eux le peuvent?

Que l'on nous permette d'appuyer ce qui précède sur la haute autorité de Mgr Bourret :

« On se plaint de nos jours de la rareté des ouvriers apostoliques, et ces plaintes, pour être exagérées quelquefois, n'en répondent pas moins, pour certaines régions et certaines contrées, à de trop tristes réalités. Le clergé séculier est insuffisant pour remplir sa mission et répondre aux diverses exigences de son ministère. Pourquoi le priver d'auxiliaires utiles qui lui apporteront un secours, dans les jours de labeur, d'empêchement, de vieillesse ou de maladie…? Est-ce que dans un temps de Carême, de Pâques, de première communion, de jubilé, ces ouvriers supplémentaires du dévouement et de la parole ne donnent point à l'évangélisation des âmes une opportune assistance, et croit-on que ce surcroît charitable de ministère est à bannir et à repousser? Ils ne pensent pas ainsi, ceux qui portent la peine et le labeur des paroisses, et aussitôt qu'ils ne peuvent plus eux-mêmes accomplir leur tâche, comme leur zèle et leur conscience le désireraient, ils vont frapper à la porte de ces charitables confrères pour leur demander leur aide et leur pieux concours. »

Le prélat rappelle la nécessité des ministères dits extraordinaires, missions, retraites, confessions, prédications et montre quel secours le clergé séculier tire des religieux pour remplir ces œuvres éminemment apostoliques.

« Sous peine donc, ajoute-t-il, de réduire le ministère de l'Église à l'insuffisance et de priver les âmes des plus utiles secours, on est obligé de laisser vivre les Ordres religieux et de leur accorder une liberté qui ne tourne jamais qu'à l'avantage de ceux qui l'accordent et qui savent la respecter. Hélas! nous ne disons pas assez en assurant que les religieux nous sont utiles et nécessaires pour les ministères spirituels de l'Église. C'est indispensables qu'il faudrait dire. Quelque vaillant que soit le clergé séculier, quelque capables que soient certains de ses membres, quelques dévouements que l'on puisse compter dans son sein, l'habitude use tout, l'affaiblissement de la foi fait apercevoir la créature où il ne faudrait trouver que le saint. On a besoin du nouveau, de l'éloignement, de l'inconnu. Cet homme auquel vous ne ferez jamais fléchir le genou devant son curé se rendra le plus facilement du monde au moine... et lui fera, sans peine, un aveu qu'on ne lui eût jamais arraché sans cela. Tel autre que l'orgueil et le respect humain retiendront devant un public qu'il n'ose affronter... ira volontiers remplir ses devoirs dans cette chapelle reculée où le bon Dieu lui pardonnera sa faiblesse[1]. »

Venons à un autre genre de service : l'éducation et l'instruction secondaires, nous parlerons plus loin de l'instruction primaire.

Il est beaucoup de familles chrétiennes,

---

1. *Des principales raisons d'être des Ordres religieux dans l'Église et dans la société*, par Mgr l'évêque de Rodez, 1880 pp. 23, 26.

obligées pour une raison ou pour une autre, de confier la formation de leurs enfants à des mains étrangères, mais préoccupées avant tout de leur assurer des principes, des habitudes, des sentiments nettement catholiques. Or, à leurs yeux, les religieux, hommes ou femmes, sont aptes à remplir parfaitement cette tâche.

Pour élever l'enfant, il faut en effet être soi-même *élevé*, au vrai sens du mot, c'est-à-dire être monté, à force de volonté, par-dessus l'égoïsme qui rapetisse, la mollesse qui alanguit. Il est bon d'avoir pratiqué le sacrifice avec un certain excès, afin d'avoir le droit de prêcher cette rude chose. Il faut surtout s'être dominé soi-même; sinon, on ne dominera pas le petit être malin et imitateur qui ne cesse d'observer si le maître exprime en actes ses propres leçons.

Ce premier élément de la fonction éducatrice éclate dans l'état religieux, où tout parle de sacrifice : vie austère et isolée, vêtement pauvre ou incommode, existence irrévocablement consacrée au travail.

Il est une seconde qualité indispensable, et qui découle généralement de la première. Aux petits caractères, rétifs ou mous, qu'il s'agit de transformer, doit s'opposer une fermeté calme, sans caprices ni à-coups violents, mais aussi sans faiblesse.

Or la vie religieuse a justement pour effet d'anéantir le caprice, cet agaçant et implacable ennemi des œuvres de longue patience. Les changements de méthode ou de direction, les inégalités d'humeur, les emportements passionnés, si préjudiciables à l'éducation, sont constamment combattus chez le maître congréganiste par les obligations de sa règle et par des habitudes contraires reçues dès son noviciat. Voilà pourquoi son autorité a si souvent quelque chose de ferme, de modéré, de grave, qui s'impose à l'enfant sans le blesser et parvient à se faire aimer ou, du moins, estimer.

Ajoutons un facteur précieux : c'est l'affection, non pas mièvre et sentimentale, mais virile et chrétienne, portée par les religieux à l'âme de leurs élèves. Ils ont renoncé à la famille, justement afin de garder leurs cœurs libres et de s'attacher avec une sainte ardeur à ceux qu'on leur confie.

Enfin, ce que les parents sont assurés de trouver chez les Congréganistes, c'est le grand ressort et le grand moteur de toute éducation : le dévouement soufflé par l'amour divin qui seul donne à un corps enseignant le courage et la constance nécessaires pour surveiller *effi-cacement* les enfants, qui seul fait supporter leurs défauts, leurs insupportables défauts, afin de parvenir à les en corriger. Seul, il attend patiemment que sous la vilaine enveloppe de chrysalide apparaissent les ailes de papillon et s'efforce d'aider à cette métamorphose morale qui est le but et l'idéal de toute éducation.

Soit, dira-t-on peut-être, ces considérations sont sérieuses et montrent l'utilité des établissements religieux. S'il s'agit des filles, nous concevons parfaitement que les parents chrétiens désirent les confier à des religieuses. Mais, quant à leurs fils, pourquoi ne pas les mettre dans des collèges tenus par des prêtres séculiers?

De fait, ici encore, nous rencontrons un double personnel, le clergé séculier et le clergé régulier. L'un et l'autre se sont montrés admirables dans cette tâche, mais *l'un et l'autre* restent nécessaires. C'est qu'en effet le nombre est immense des enfants qui désirent une éducation franchement chrétienne... et peu nombreux, malheureusement, les prêtres séculiers qui peuvent se consacrer à cette utile mission. Souvent leur passage dans la carrière de l'ensei-

gnement est purement transitoire. Leur vocation les appelle au ministère direct des âmes ;
aussi, après quelques années de professorat ou
de surveillance, demandent-ils, en général, des
fonctions plus paroissiales. Les religieux, au
contraire, voient dans cet emploi une des formes
de leur apostolat. Beaucoup y consument leur
vie entière, et, il faut l'avouer, ce n'est pas toujours par plaisir. C'est le rôle de l'obéissance
d'imposer doucement silence à des désirs trop
impatients de prédication, et de fixer durant des
années, dans leur chaire de rhétorique, de ma-
thématiques spéciales ou élémentaires, des professeurs qui deviennent, de la sorte, éminents
dans leur ingrat métier. Enfin, la discipline régu-
lière donne peut-être, aux établissements congréganistes, une plus grande fixité de direction,
de méthode et d'esprit qui n'est pas à dédaigner
et qui peut leur attirer les préférences de certains
parents. Au reste, à quoi bon s'efforcer d'expli-
quer les goûts divers en matière d'éducation ? Le
fait est là : il y a des familles qui veulent
confier leurs enfants à des prêtres séculiers,
d'autres qui désirent des religieux. Cela suffit
pour qu'un honnête homme, vraiment ami de
la liberté pour tous, laisse à la disposition de ses
concitoyens catholiques ces deux genres de col-

lèges. Ils ne sont rivaux que pour le bien, et le champ est si vaste que tout le monde peut y exercer son zèle sans se gêner, pourvu que l'on prenne quelques précautions.

Voilà un aperçu des services rendus par les Congréganistes, tant pour les travaux spirituels que pour l'éducation de la classe aisée. Nous avons maintenant à contempler un spectacle, non pas plus grandiose, — rien n'est aussi divin que la sanctification des âmes! — mais plus touchant aux yeux du grand nombre. C'est le religieux serviteur du pauvre, ange de paix à son lit de souffrances, éducateur de ses enfants, providence de sa vieillesse.

CHAPITRE VIII

A QUOI SERVENT LES CONGRÉGANISTES?

A SECOURIR LES PAUVRES ET LES MALADES

« Chez ces hommes, chez ces femmes... ce n'est plus l'amour de soi qui l'emporte sur l'amour des autres, c'est l'amour des autres qui l'emporte sur l'amour de soi. »

« Toujours, à l'origine de l'œuvre, on rencontre d'abord la compassion. A l'aspect de la misère, de l'abrutissement, de l'inconduite, quelques bons cœurs se sont émus; des âmes ou des corps étaient en détresse, il y avait un naufrage en vue : trois ou quatre sauveteurs se sont présentés. »

Ainsi parle Taine, à la suite du passage cité plus haut. Il faudrait ici, pour justifier ce magnifique éloge, réunir, comme en une exposition universelle de la charité les mille épisodes de ce dévouement perpétuel, aux mille formes, excité par toute souffrance et inspiré par cet amour de Dieu qui est le seul moteur efficace d'un amour du prochain *persévérant* et obstiné. Mais comment dépeindre un tel spectacle! comment dire, en quelques lignes, ces milliers d'œuvres charitables, dont chacune demanderait un poème?

Ce serait le poème de la miséricorde, de l'abnégation, du merveilleux sacrifice. On y sangloterait à la vue des affreuses misères où se débat le genre humain, souvent par la faute des victimes, souvent par celle des autres. On y verrait des enfants plongés dans l'ignorance, l'abandon, l'immoralité. On y entendrait gémir des malades pauvres ou riches, plus malheureux encore de leur désespérance que de leurs douleurs. On s'y attendrirait sur des créatures déchues, enveloppées de honte et que nulle force humaine, semble-t-il, ne saurait faire sortir réhabilitées de l'abîme du mépris. On verrait une vieillesse abandonnée, sans appui, sans compassion, sans sourire, en proie à la froide misère, comme les feuilles tombées au vent glacé de novembre. Mais aussi, voici qu'à l'horreur de la souffrance répondrait le sublime de la charité. La grande voix du Christ disant : « J'ai pitié de la foule »; — « Tout ce que vous avez fait au moindre de mes frères, c'est à moi que vous l'avez fait », a volé à travers les siècles. Des âmes l'ont entendue et, transfigurées par l'amour du Dieu fait homme, se sont répandues sur le champ de bataille de la vie couvert de blessés. Elles ont été à toute infortune morale ou physique, pour la faire cesser ou, du moins, pour la transformer. Et le poème de la douleur, au lieu de s'achever en cris de désespoir ou de blasphème, s'est changé en hymne de résignation et d'espérance radieuse. Pauvreté, maladie, vieillesse, fautes même, anoblies par le repentir et la pitié, sont devenues des degrés par où l'on monte au bonheur, sous la conduite de la miséricorde chrétienne.

L'enfance tout d'abord.

Non pas l'enfance riche, adulée et pouvant se procurer aisément une instruction raffinée. Non ; il s'agit maintenant de l'immense tribu des enfants pauvres, moins attrayants dans leurs haillons, moins affectueux de manières, ignorants et n'offrant souvent, sous des dehors peu gracieux, qu'un esprit médiocrement ouvert.

Sans doute, on a multiplié, de nos jours, les établissements d'enseignement primaire, mais il n'y en a pas assez pour tous. Surtout, beaucoup de familles veulent une autre éducation que celle qu'on y donne et dont on a systématiquement banni Dieu et la religion. Et pourtant, quand ces grandes vérités furent-elles plus nécessaires, — je ne dis pas seulement pour enrayer la société dans sa course folle vers les abîmes anarchiques et socialistes, — mais simplement pour rendre l'homme heureux? L'inégalité des conditions et la pauvreté même sont inévitables; toujours il y aura des petits employés, des ouvriers, des miséreux qui, à grand'peine, rassasieront leur faim, ou du moins devront vivre chichement, sans luxe ni plaisirs, tandis que les classes supérieures jouiront sans travail, ou au prix d'un labeur moins dur et plus rémunérateur, de quelques-uns des agréments de la vie. Dès lors si, dans le cœur de ces sacrifiés d'ici-bas, il n'y a pas de religion pour leur montrer le ciel où l'égalité sera rétablie; si la vie future, ses menaces et ses espérances ne viennent pas les contenir dans les tentations de leur rude voie et en dorer l'issue par la perspective des récompenses éternelles; si, surtout, la vue d'un Dieu ouvrier, petit, méprisé, ne les relève pas à leurs propres yeux, tôt ou tard, la bête qui sommeille en tout homme grondera et se jettera, les crocs en avant, sur le fortuné jouisseur. Et, en attendant ces excès, qui sont l'avenir et la terreur de demain, le bonheur du moins est chassé de l'âme de l'ouvrier, car on n'est pas heureux sans résignation, on n'est pas heureux quand l'âcre poison de la haine, de la jalousie, de la révolte, ronge et corrode le cœur.

Que d'autres fruits amers sont encore produits par cette éducation sans Dieu! L'immoralité, conséquence logique de l'athéisme; l'effondrement du respect filial; la criminalité effrayante et les suicides en nombre croissant de l'enfance et de l'âge mûr!

On conçoit donc qu'il y ait des familles à comprendre les effroyables dangers de l'éducation *neutre* (?) et à vouloir élever leurs enfants dans les principes religieux. Qui les y aidera? C'est alors qu'apparaissent, comme une légion d'anges gardiens, les divers ordres de Frères et de Sœurs voués à l'instruction des petits. Ils sauront bien, eux, en faire des hommes franchement chrétiens, fièrement résignés à leur vie de labeur, aussi éloignés de la révolte que de la flatterie, se sachant, en un mot, les serviteurs privilégiés de Dieu, les imitateurs du charpentier de Nazareth et les héritiers avantagés du ciel.

Mais, pour cela, que de peines! Entrez dans cette école des Sœurs de Saint-Vincent de Paul. C'est un asile, un ouvroir, une classe. N'importe! Au milieu de ces enfants pauvres, passe, souriante et aimée, la bonne Sœur encadrée dans sa blanche cornette. Les longs chants, les laborieuses séances d'épelage, les enseignements d'une grammaire rudimentaire : voilà l'occupation journalière de cette femme, née souvent dans une opulente famille. Ce matin, elle s'est levée à quatre heures, s'est empressée de faire ses dévotions, de courir à la messe ; et la voilà maintenant pour tout le jour à Dieu dans la personnes de ces humbles. Et ce n'est là qu'un de ces gracieux bataillons au service de l'enfance pauvre. De tous côtés, se sont multipliées les Congrégations consacrées à cet utile, mais consumant ministère. Il y a, en France, 2.000.000 d'enfants qui leur doivent l'instruction et, de ce nombre, une énorme proportion se compose d'élèves indigents ou, du moins, peu aisés.

S'adresser à ces petits aimés du Christ, en faire des hommes, des chrétiens, des chrétiennes, c'est déjà admirable. Mais, voici une clientèle plus délaissée, plus rebutante souvent, — par conséquent, plus attirante pour la charité. Ce sont les orphelins, les abandonnés. On connaît le touchant épisode du bon saint Vincent de Paul, ramassant dans ses bras, sur son cœur de saint, les pauvres petits trouvés sur la neige. Cette scène émouvante symbolise à merveille une des œuvres de prédilection des Congrégations.

On estime à 60.000 les orphelins réunis par elles, arrachés par elles à la misère et au vice. La plupart de ces fondations sont, au dernier point émouvantes. Quelques pauvres filles, sans ressources, sans pain, sont touchées du sort de ces enfants. Elles les réunissent dans une chambre, dans un grenier, que sais-je ? elles les nettoyent, les soignent, les instruisent. La nourriture, on la gagne à force de travail, et quel travail ! Quand celui-ci manque ou ne suffit pas à rassasier ces petites bouches, on quête, on importune la Providence. Et la Providence se laisse toucher jusqu'au miracle. L'argent arrive sans qu'on sache d'où il provient, les provisions se multiplient ; c'est la récompense de la confiance en Dieu. Peu à peu l'œuvre s'affermit, et en même temps la congrégation se fonde, dans la misère, mais aussi dans la charité ; les bâtiments s'élèvent, les orphelins se multiplient. Voilà l'histoire de certains de ces établissements. D'autres fois, ce sont des Ordres déjà fondés qui s'attachent à cette rude besogne ; elle n'en est qu'un peu adoucie. Mais aussi quels résultats ! Allez vous promener à l'asile des infirmes des Frères de Saint-Jean de

Dieu. Ces petits êtres tordus par la maladie vous sourient de bonheur dans la chaude atmosphère où les baigne la charité. Ils ne manquent de rien, pas même de cette chaleur de cœur chez les infirmiers, qui épanouit une âme d'enfant comme le soleil fait les fleurs. Maxime du Camp les montre s'attachant à la robe du Frère, « comme s'il en émanait quelque chose de maternel qui leur manquait et dont ils ont besoin [1] ». C'est bien cela... « Les Frères de Saint-Jean de Dieu sont pour leurs enfants adoptifs de véritables mères, et des mères surnaturalisées par la grâce. Il est impossible de se figurer, je ne dis pas l'abnégation, mais la bienveillance, la tendre charité que ces infirmiers, ces éducateurs hors ligne prodiguent à ces déshérités [2]. » Et au prix de quels efforts!

« Un mot a été dit que l'on doit répéter : « Nul laïque, ni pour or, ni pour argent ne consentirait à faire un métier pareil [3]. » « Pour soigner ces pauvres êtres, les tenir propres, supporter leurs incohérences, calmer leurs accès de colère inconsciente, les amuser, les coucher, les lever, les faire manger, pour ne point répu-

---

1. Maxime du Camp, *Charité privée à Paris*, p. 143.
2. Léonce de la Rallaye, *France illustrée*, 28 août 1880.
3. Maxime du Camp, p. 122.

dier cette tâche qui rebuterait bien des mères, il faut avoir la foi et croire à la parole de Celui qui a dit : « Le bien que vous ferez au plus petit des miens, c'est à moi que vous l'aurez fait[1]. »

Le dévouement des Frères ne peut supprimer entièrement la souffrance, ni éloigner la mort : du moins les transfigure-t-il. Ces infortunés supportent leurs infirmités sans désespoir, mais avec une calme résignation qui en brise l'aiguillon douloureux et ne laisse que le mérite. « Ceux dont la mort fait élection partent le cœur radieux et les yeux fixés sur les splendeurs éternelles que les Frères hospitaliers leur ont fait apercevoir. Le ciel est pour ceux qui y pensent, disait Joubert. On y pense dans l'asile de la rue Lecourbe[2]. »

Cet asile, un orateur[3] n'hésitait pas à le nommer : « Le Paradis de la souffrance. » Parole profonde et vraie. Elle résume le rôle du religieux auprès des malheureux. A voir fleurir ainsi la paix et le bonheur sur un fumier de pourriture et de douleur, on comprend de quoi seraient capables les hommes marqués du

1. Maxime du Camp, p. 143.
2. Maxime du Camp, p. 134.
3. L'abbé Perrault, chanoine d'Autun.

« triple vœu », si on les aidait à soulager les pauvres au lieu de les persécuter.

Contemplons maintenant un autre genre d'asile pour l'enfance indigente. Prenons pour type, par exemple, ceux de don Bosco, qui m'ont semblé admirables. En récréation, j'avais vu bondir de beaux garçons bien éveillés, à la mine pure, ouverte, à l'air content de vivre. Un coup de cloche et voilà la bande joyeuse aux ateliers. Grand silence, travail sérieux, mais partout le bon sourire, l'accueil franc et avenant ; on est heureux de travailler, comme on l'était de jouer. J'ai parcouru les diverses salles et j'ai été surpris de l'aspect presque recueilli qu'elles offraient, sans que rien sentît la contrainte ou l'effort. Les tailleurs accroupis sur leurs talons maniaient l'aiguille, les compositeurs étaient à leur casier, les cordonniers tiraient leur fil poissé, le tout sous l'œil bienveillant de jeunes religieux qui étudiaient eux-mêmes ou sous la surveillance d'un maître ouvrier à l'air paternel. Et, comparant ces enfants avec ceux que je rencontrais chaque jour dans la rue, braillards, mal élevés, grossiers, polissonnant de-ci, de-là, je ne pouvais croire que ce fût la même race. C'est que le dévouement sacerdotal et religieux a passé dans

ces rues ; il a pris ces vagabonds par la main...
par le cœur surtout, et il les a transformés.
Maintenant, un peu de bonne volonté de leur
part et voilà pour un avenir prochain, de bons
et pacifiques ouvriers, d'utiles citoyens et de
solides chefs de familles chrétiennes.

Et ces maisons du Bon-Pasteur, où sont
recueillies des enfants plus exposées encore,
vraie proie marquée pour le vice. A elles surtout, il faut des soins de mères, il faut les
secours de la religion, il faut, ce qu'on ne trouve
pas ailleurs, le relèvement ou l'affermissement
de l'âme, plus encore que le soulagement du
corps. Je le sais, on s'est plu à faire circuler
certains bruits sur de prétendus mauvais traitements, et la sensibilité exquise de gens qui
admirent les assassins de la Commune et les
massacreurs de septembre s'est émue, jusqu'à
l'indignation, de quelques corrections imaginaires, qui, *si elles avaient eu lieu,* n'auraient
eu pour but que le bien certain des soi-disant
victimes.

Tout a été démenti, et le triste accusateur des
bienfaitrices des pauvres pénitentes n'a même
pas eu le courage d'accepter l'enquête générale que réclamaient l'abbé Lemire et la supérieure incriminée. Au reste, comme l'écrivait

Mgr Rumeau, évêque d'Angers, « une des plus touchantes preuves du régime maternel du Bon-Pasteur, c'est que vous ne renvoyez personne à moins de très graves raisons; qu'on est admis à séjourner chez vous indéfiniment, même sans se vouer à la vie religieuse; qu'on y est l'objet des soins les plus délicats quand survient une maladie; qu'on n'est jamais transporté à l'hôpital, même dans des cas d'infirmité prolongée, réclamant parfois le concours permanent de plusieurs personnes, comme cela s'est vu l'an dernier à Angers, à la grande édification de la maison entière. Aussi je ne suis point étonné que beaucoup de vos pénitentes sollicitent comme une faveur de ne plus se séparer de vous, et la réplique la plus péremptoire aux pharisiens qui dénoncent vos « odieux traitements », ce serait la statistique de celles qui, ayant dépassé l'âge de la majorité, restent de plein gré dans vos refuges. *Ce qu'il y a de certain, c'est qu'à Angers elles forment plus de la moitié*[1] ».

On a parlé aussi d'exploitation de l'enfance, de travaux excessifs, de bénéfices scandaleux réalisés par les communautés. Quand ce serait

---

[1]. Mgr Rumeau, *Lettre à la supérieure d'Angers* (voir *Univers*, 2 décembre 1899).

vrai, il faudrait établir qu'il vaut mieux, pour ces enfants, crever de faim ou courir le ruisseau que de travailler un peu plus que la durée réglementaire. Il faudrait prouver qu'il est injuste que, après avoir été élevées *pour rien*, après avoir appris un métier *pour rien*, les grandes aident, à leur tour, une maison absolument pauvre, afin de nourrir leurs jeunes sœurs incapables de se suffire.

D'ailleurs là encore les calomnies ont été anéanties par M#gr# Rumeau, qui a apporté le règlement des journées, et par l'abbé Lemire dans son beau discours du 30 novembre 1899. Il a montré que la durée du travail était normale et les bénéfices tellement modérés qu'ils se traduisent en déficits, comblés, comme toujours, par la charité. Rien d'étonnant, lorsqu'on sait que les meilleures de ces jeunes ouvrières gagnent 0 fr. 75 par jour. La communauté qui, pour ce prix, les loge, habille, nourrit, ne les exploite pas[1] !

Je ne veux pas quitter ce sujet sans faire encore une remarque de haut intérêt. Sans

1. Les Religieuses du Bon-Pasteur sont établies dans le monde entier et assistent 47.000 enfants ou jeunes filles qu'elles relèvent après leurs chutes, ou bien, ce qui vaut mieux encore, qu'elles arrachent au vice qui les menace, en assurant à ces pauvres abandonnées ou exposées une éducation chrétienne et un métier.

parler des grossières calomnies que l'on vient de rappeler avec tristesse, il est un cruel procédé dont l'on use trop souvent envers les œuvres charitables des Congrégations.

Le bien qu'elles font, on l'oublie presque. Les petits abus qui parfois peuvent s'y glisser, on les enfle, on les publie à son de trompe, on s'en scandalise. Est-ce là de la justice? Non. Il faut regarder les faits *dans leur ensemble*, et non en appliquant des yeux de myope sur des détails relativement sans valeur. Or, *dans l'ensemble*, le fait est que des milliers d'enfants des deux sexes sont ramassés dans la rue, nourris, moralisés, mis en possession d'un métier, le tout avec amour, délicatesse, affection : le fait est que, pour cela, des centaines de religieux et de religieuses consument leur vie, vivent une existence de misère, donnent leur temps et leur cœur; le fait est que tout cela se fait, somme toute, *gratis*, sans aide du Gouvernement, par des merveilles d'économie et de travail[1]. Voilà l'œuvre, immense, admirable,

1. Le Gouvernement vient de déposer un projet de loi que l'on pourrait appeler « contre la charité ». Il s'agit de mettre tout établissement charitable à la merci de l'Administration, qui pourra l'inspecter à merci et le fermer brutalement s'il ne lui convient pas. On imposerait, de plus, la formation

touchante, vrai soleil de la charité. S'il y a quelques taches, qu'on les signale aux supérieurs, qu'on s'efforce de les faire disparaître : c'est bien. Mais mener grand tapage autour, en

de *fonds de secours* et la remise de *pécules* aux enfants sortants, ce qui constituerait une charge écrasante, impossible à porter pour beaucoup. « Il paraîtrait naturel, dit le *Journal des Débats*, du 9 juillet 1900, que les personnes qui font la charité fussent libres de la faire de la manière qui leur paraît préférable. Elles recueillent des enfants pauvres, les nourrissent, les hébergent, leur enseignent même un métier, et tout cela par pure bonté d'âme. On devrait, semble-t-il, les remercier simplement et, du moment qu'elles n'exploitent pas leurs protégés, leur permettre d'agir à leur guise, de constituer ou non des pécules ou des fonds de réserve. Eh bien! pas du tout, çar une pareille indépendance serait scandaleuse par le temps qui court. L'État tient à intervenir : quiconque veut être charitable doit l'être conformément au système officiel. » C'est, en vérité, la tyrannie de l'État poussée jusqu'à l'absurdité. Qu'on en juge par le motif. Tout en reconnaissant que les œuvres devront restreindre le nombre de leurs admissions, le projet dit : « Ne vaut-il pas mieux admettre un moins grand nombre d'enfants et ne pas faire des misérables de ceux qui ont été admis? » « La formule est tout bonnement absurde, s'exclament les *Débats*. Les enfants que l'on recueille sont déjà misérables; tout ce qu'on fait pour eux améliore leur sort actuel et a grande chance d'améliorer leur sort futur. » De fait, il est difficile d'imaginer que l'on a fait un misérable, quand, ayant recueilli sur la rue un enfant qui cherchait sa nourriture dans un tas d'ordures (tel le premier pensionnaire de l'abbé Roussel), on le rend à la Société dans la pleine vigueur de ses dix-huit ans et muni d'un métier.

Inutile d'ailleurs de chercher bien loin des raisons à cette loi barbare. Les *Débats* ont signalé la véritable : « Bon nombre d'établissements étant aux mains de Congrégations religieuses, on comprend très bien que le Gouvernement actuel

conclure à la suppression de ces œuvres et des Congrégations qui les desservent, ou du moins s'en servir pour leur refuser toute reconnaissance, c'est faire comme un maître qui chasserait son meilleur serviteur, sous prétexte qu'il louche ou qu'il a une verrue. C'est de l'irréflexion ou de la mauvaise foi.

De l'orphelinat à l'hôpital, la transition est naturelle : c'est toujours la pauvre nature humaine aux prises avec la souffrance, avide de soins et de sympathies. Or, donner l'un et l'autre, c'est le rôle propre de ces êtres séparés du monde, qui ont tout quitté, afin de mieux servir Dieu dans ses membres souffrants.

Car c'est là leur secret, ce qui les rend incomparables au chevet des malades Quel qu'il soit, cet infortuné, couvert de plaies, suintant la contagion, repoussant à voir, c'est, aux yeux de la foi, un frère, et le frère du Dieu mort pour les hommes. Aussi l'hospitalier ne regarde pas s'il paie ou ne paie pas, s'il est reconnaissant ou non. La récompense est plus haute, et la

désire pouvoir les fermer à sa guise ; mais cette explication, quoique plausible, ne constitue pas une excuse. »

C'est toujours la même chanson : « Guerre au christianisme ; les pauvres en souffriront, mais que nous importent les pauvres ! Buvons du champagne et disons de belles paroles sur notre dévouement au peuple. »

voix qui dit d'aimer ce pauvre être comme soi-même est la voix de Jésus-Christ. Donc, arrière toute pensée d'intérêt humain, toute crainte de contamination et de mort. La mort ! mais c'est la plus chère ambition de ces héros de la charité, dont elle fait des martyrs !

Il y a quelques années[1], au Tonkin, les troupes étaient formées en carré, le drapeau frémissait d'honneur. On allait décorer un brave. Or ce brave était une simple femme en robe de bure, avec un chapelet à la ceinture ; on la nommait Sœur Thérèse des Filles de la charité.

« Sœur Marie-Thérèse, dit le gouverneur, à peine âgée de vingt-cinq ans, vous avez été blessée à Balaklava au moment où vous prodiguiez vos soins aux blessés ! A Magenta, vous avez reçu une blessure, vous trouvant aux premiers rangs. Depuis lors, vous avez soigné nos soldats en Syrie, en Chine, au Mexique ! Sur le champ de bataille de Reischoffen, vous avez été relevée grièvement blessée, au milieu des cadavres de nos cuirassiers. Plus tard, une bombe étant tombée dans les rangs de l'ambulance confiée à votre garde, vous avez saisi de

1. Cf. P. Rouvier, *Devant l'ennemi.*

vos mains cette bombe et, l'ayant transportée à 80 mètres, elle éclata en tombant et vous blessa cruellement. A peine guérie, vous répondîtes à l'appel pour le Tonkin !

« Au nom du Peuple Français, au nom de l'Armée Française, je vous remets cette croix ; personne n'a de titres plus glorieux à cette récompense, car personne n'a plus que vous voué son existence et sa vie tout entière au service de la patrie. »

N'allez pas croire que cette héroïne soit un cas isolé.

Durant le siège de Paris, on concentra à l'hôpital de Bicêtre, dirigé par les Sœurs de charité, les malades de la petite vérole. Au bout d'une semaine, *onze* de ces religieuses étaient tombées victimes de leur dévouement. La supérieure générale convoqua ses filles à la maison mère.

« Nos Sœurs sont mortes, dit-elle ; il faut aller les remplacer. Que celles d'entre vous qui sont prêtes à mourir s'avancent, car je ne veux pour ce service que des volontaires.

Il s'en avança 32 !

A la fin du siège, 47 Sœurs de charité avaient péri en soignant les malades !

A Metz, le 20 octobre 1870, 22 étaient tombées au même champ d'honneur.

A Neuvy, une Sœur de charité de Nevers resta jour et nuit dans l'atmosphère empestée des varioleux, que les infirmiers militaires refusaient presque de soigner et que le chirurgien ne pouvait visiter qu'en sortant dix fois pour prendre l'air. Elle fut mise à l'ordre du jour de l'armée.

« Le général, disait cet ordre, ne prétend pas récompenser la Sœur Léocadie Labatut, dont la conduite est au-dessus de toute récompense ; il veut seulement remercier, au nom de l'armée qu'il commande, la femme qui depuis un mois expose sa vie pour soigner nos malades et nos blessés [1]. »

Ce ne sont là que quelques traits. Mais ils sont innombrables dans l'Année Terrible, parce qu'alors la vertu des Congréganistes eut plus d'occasions de se déployer. On vit alors d'humbles femmes allant sous la mitraille chercher de l'eau pour leurs blessés, les défendant contre un ennemi parfois brutal, se privant de tout pour eux, tombant quelquefois sur le champ de bataille. « Après avoir vu les couvents, disait un blessé, je ne comprends pas qu'on puisse leur faire du mal ! »

1. P. Rouvier, *Devant l'ennemi.*

Même héroïsme chez les Frères de la Doctrine chrétienne, ces légendaires infirmiers, qui émerveillaient, par leur intrépidité sous le feu, les vieux grognards de l'armée d'Afrique. « Frères, leur criait un général, l'humanité et la charité n'exigent pas qu'on aille si loin ! » Et un autre descendait de cheval pour embrasser l'un deux, en disant : « Vous êtes admirables, vous et les vôtres ! » Aux ambulances, leur dévouement prend une autre forme, mais ne se dément pas. « Ce sont les Frères qui ont fait notre fortune, disait le Dr Ricord. Je n'aurais jamais cru qu'on pût trouver tant de dévouement chez des hommes. » Aussi, l'Académie Française, chargée de décerner un prix au plus bel acte de dévouement patriotique, l'a accordé à l'Institut des Frères de la Doctrine chrétienne, « ce corps que tout le monde connaît, que tout le monde estime et qui, dans ces temps malheureux, s'est acquis une véritable gloire par son dévouement ». Ce sont les paroles du rapporteur.

Des réguliers de toute robe, il faut parler de même. Dominicains, Barnabites, Eudistes, Bénédictins, Jésuites, se multiplient pour soigner les blessés. Au Mans, les varioleux sont confiés aux Jésuites. Quatre d'entre eux sont victimes de la maladie. Beaucoup de religieux sont aux armées et plusieurs Dominicains, entre autres, y sont décorés. Cette sombre période de notre histoire a montré quels merveilleux garde-malades, infirmiers, brancardiers, aumôniers, forme la vie religieuse.

Revenons à l'état normal. Mais est-il un état normal pour la maladie? ou plutôt, n'est-ce pas une règle continue qu'il faut, pour soigner vraiment les malheureux, l'abnégation d'une mère ou le dévouement des âmes vouées à Dieu. On se rappelle les luttes ardentes soutenues par le Dr Desprès contre le conseil municipal sectaire de Paris, qui voulait chasser les Sœurs des hôpitaux. En vain criait-il, ce dont il avait l'évidence, que rien ne remplacerait ces anges de la charité; que, par haine de Dieu, c'était le malheur des indigents que l'on décrétait. Rien ne put adoucir l'humeur persécutrice de ces gens qui se disent libéraux et qui abusent si cruellement contre les pauvres d'une puissance ravie à coups de manœuvres électorales. Les Sœurs durent partir, et voici la lettre qu'elles reçurent des médecins d'un de leurs hôpitaux :

A Madame la Supérieure des Sœurs Augustines.

15 janvier 1888.

Madame la Supérieure,

« Avant le départ des Sœurs Augustines, injustement renvoyées de l'hôpital de la Charité, et puisque l'Administration de l'Assistance publique, qu'elles ont si longtemps et si loyalement servie, ne croit pas devoir leur adresser un mot de remerciement, veuillez agréer ici l'hommage de notre reconnaissance pour les religieuses d'élite que vont perdre nos malades.

« Tout ce que nous avons tenté pour conserver à notre hôpital les Sœurs Augustines est demeuré inutile : mais elles emporteront, du moins, le souvenir que les médecins et chirurgiens des hôpitaux n'ont pas abandonné celles qui les ont toujours le mieux secondés. Ce témoignage de la justice que nous leurs rendons adoucira pour nous l'amertume de notre impuissance.

« Nous ne voulons rien ajouter. La vie de la religieuse d'hôpital est au-dessus de l'éloge. Les Sœurs hospitalières seront de longues années encore, chez tous les peuples du monde, l'expression la plus pure du dévouement et du sacrifice.

« Veuillez agréer, etc.

> POTAIN ; DESNOS ; FÉRÉOL ;
> LUYS ; LABOULBÈNE ; BLACHEZ,
> *Médecins à l'hôpital de la Charité.*

> TRÉLAT ; DESPRÈS,
> *Chirurgiens à l'hôpital de la Charité.* »

Ce témoignage date de douze ans ; en voici un d'hier, et aucunement entaché de cléricalisme. Le Dr Gailleton, alors maire de Lyon, était jeté aux chiens par un chœur de sectaires pour avoir appelé des Sœurs dans un nouvel hospice. Il répondit ce qui suit[1] :

« Je réponds maintenant aux partisans de la laïcisation qu'ils ne savent pas ce qu'ils disent. L'organisation de nos Sœurs hospitalières est tout à fait remarquable, et je rends hautement hommage, moi qui les vois à l'œuvre depuis cinquante ans, à leur dévouement et à leur zèle intelligent à l'égard des malades. »

« J'affirme que la liberté de conscience a tou-

1. Voir *Univers*, 8 mai 1900.

jours été respectée dans nos hospices, car on ne peut tenir compte d'exceptions excessivement rares.

« Nous avons à Lyon un personnel hospitalier remarquable, connaissant parfaitement les soins à donner aux malades. Il me paraît impossible, à moi, médecin, d'organiser un personnel infirmier laïque capable de rivaliser avec nos Sœurs en intelligence et en dévouement. *Il n'y a pas de laïcité au monde qui puisse aller contre les faits.*

« Voyez donc ce qui se passe ailleurs dans les pays protestants, en Allemagne par exemple. Eh bien ! là vous avez des diaconesses pour le service des hôpitaux. *C'est qu'il faut pour cette besogne de dévouement autre chose que des mercenaires.* »

Cette remarque donne le dernier mot de la question hospitalière. Pour de l'argent, on trouvera des infirmiers, des infirmières qui, sous une très exacte surveillance, feront, vaille que vaille[1], le service matériel des malades. Mais

---

1. Maxime du Camp, dont on ne contestera pas la neutralité, a fait plusieurs fois, dans *la Charité privée à Paris*, un parallèle trop éloquent entre les infirmières laïques et les sœurs.

« La religieuse, dit-il, est d'autant plus mère dans ses fonctions d'hospitalière que la vraie maternité lui fait défaut ; c'est

les soigner avec amour, tendresse ; mais être heureux de panser leurs plaies ; mais trouver au fond de son cœur ces paroles qui fortifient et qui consolent ; mais exécuter avec un soin scrupuleux les plus pénibles ordonnances, affronter la mort sans perdre la tête, alors qu'elle se présente imminente et sous le masque le plus

ce que n'ont pas compris ces bons libres penseurs qui veulent infliger aux hôpitaux ce qu'ils appellent la *laïcisation*. Quel mot et quel acte barbares ! Ah ! je les connais, les infirmières laïques, je les ai vues à l'œuvre et je sais ce que leurs poches peuvent recéler de flacons d'absinthe et de cervelas (p. 44). »

« On substitue, écrit-il plus loin, les services du devoir professionnel au dévouement de la charité religieuse. Au nom du salut des malades et de la gratuité des soins hospitaliers, la science médicale a protesté ; sa voix s'est perdue au milieu des applaudissements que s'accordent l'athéisme et l'intolérance. Le résultat de ces modifications ne paraît pas, jusqu'à présent, avoir été heureux. Les nouvelles infirmières se trompent parfois de fiole ; elles déposent sur un poêle brûlant un nouveau-né qui les embarrasse ; elles ne distinguent pas toujours une poudre blanche d'une autre poudre blanche ; le malade cesse alors de souffrir plus tôt qu'il ne l'aurait voulu, l'enfant n'aura pas à supporter les luttes de la vie, et les quelques semaines de prison infligées par les tribunaux ne rendent l'existence à personne » (Voir *Gazette des Tribunaux*, 11 août 1883, 21 mars 1884, 28 avril 1884 ; — *le Moniteur Universel*, 16 décembre 1883).

« De semblables accidents ne se produisent pas dans les maisons charitables où j'ai conduit le lecteur, car il y a des yeux attentifs à bien regarder et des cœurs qui s'attendrissent à la souffrance. Lorsqu'un bon petit vieux, à demi paralysé, désire être retourné dans son lit, il n'a pas besoin de donner un pourboire à la Petite Sœur des pauvres ; la Sœur pharmacienne de Villepinte ne confond pas le phosphate de chaux avec le chlorate de potasse, et les Frères de Saint-Jean de

hideux, pour cela, il faut ou bien l'instinct
d'une mère, ou bien la force presque infinie de
la charité chrétienne à son comble. Voilà pourquoi ceux qui chassent les Sœurs de l'hôpital sont
des monstres. Ils auront, eux, — ou ils espèrent
avoir à leur lit de mort, — les soins affectueux
de leurs femmes et de leurs filles. Et, à ces
pauvres, obligés de mourir à l'hospice, ils

Dieu n'assoient pas leurs avortons déformés sur le couvercle
rougi d'un poêle en fonte. Là, le malade, le vieillard, l'infirme
est une sorte de propriété collective autour de laquelle chacun s'empresse : on ne le bat pas pour lui voler son vin, mais
on prie pour lui, et je crois qu'il ne s'en trouve pas plus
mal » (p. 545, *op. cit.*). « Jamais, déclare le même écrivain
une femme salariée, quel que soit son salaire, ne pourra faire
ce que fait naturellement une religieuse, qui n'est point
payée, qui mange quand tout le monde a mangé qui se
couche quand tout le monde est couché et qui se lève avant
que personne soit levé » (p. 454). « J'en demande pardon à la
laïcisation, — en fait d'infirmières, il n'y a encore que celles
qui portent le voile noir et la guimpe. » (p. 519). Et, néanmoins, la passion antireligieuse continue l'œuvre « barbare »
de laïcisation. « Les gens qui ont inventé cela ne croient pas
à l'âme, mais ceux qui meurent sur le grabat, après une vie
de misères, y croient et ont besoin d'y croire, et *c'est être
inhumain que de les priver d'une suprême consolation*. N'est-ce
donc rien que de mourir persuadé que l'on entre dans la
lumière et dans la félicité! O libres penseurs, si vous arrachez
l'espérance du cœur de l'homme, que lui restera-t-il ? On est
moins cruel pour les condamnés à mort, le prêtre les conduit
jusqu'au pied de l'échafaud et leur donne le baiser de paix »
(p. 544).

Depuis que Maxime du Camp écrivait ces paroles sévères,
il ne semble pas que les choses aient changé : témoin les
tristes révélations faites par le Journal *le Matin* dans la dernière quinzaine de juillet 1900.

refusent les seules gardes-malades qui, de l'avis
des médecins, sachent remplacer des mères et
des épouses ! L'indignation monte à la gorge à
cette vue, et l'on se demande avec angoisse
quelle malédiction attirent sur leur couche
funèbre ces criminels ceints d'une écharpe, qui
arrachent aux malheureux les soins matériels
et les éternelles espérances !

Revenons aux vrais amis des pauvres. La
liste n'est pas close de leurs services.

Un mot seulement des asiles de repenties et
des œuvres pour les prisonniers. Le crime, surtout certaines fautes plus ignobles, trouvent les
hommes sévères, — c'est un droit, — mais aussi
sans entrailles ni miséricorde, — ce qui est
cruauté. Punir le coupable, il le faut ; seulement, il faudrait ensuite le relever, guérir ses
plaies morales et le ramener à la société,
presqu'aussi beau dans son repentir qu'il
l'était jadis dans son innocence. Hélas ! c'est
tout le contraire. La prison, loin de moraliser, creuse de nouveaux abîmes de dégrada-
tion ! C'est pour obvier à ce mal social que plusieurs Congrégations se sont consacrées aux
prisonnières et aux déchues. Entre leurs mains,
se sont renouvelées les merveilles du Sauveur
guérissant les lépreux. Douces et fermes, elles

ont refait ces pauvres créatures, à force de patience, d'adresse, de piété, car c'est la piété qu'il faut à ces âmes gâtées, ou du moins effleurées par le vice. Vous pouvez bien entasser les œuvres des philosophes, accumuler les conférences, abrutir par le régime cellulaire ; tant que vous ne ferez pas appel à la religion pour transformer ces cœurs malades, vous ne ferez absolument rien. Au contraire, les admirables résultats obtenus par les Sœurs de Marie-Joseph, de la Miséricorde, du Bon-Pasteur, etc., ont montré qu'aujourd'hui, comme il y a dix-neuf cents ans, la frange du vêtement divin guérit ceux qui la touchent.

Hélas ! pourquoi faut-il qu'une administration tracassière et indifférente n'ait pas davantage recours à ce puissant moyen ? Il y a cinquante ans, les Jésuites étaient admis à donner des missions dans les célèbres bagnes de Toulon, de Brest, de Rochefort. Le résultat fut prodigieux. On vit les bonnets verts se presser librement autour des confessionnaux, assister à la messe, faire leur première communion, s'il en était besoin. A Toulon, sur 4.000 forçats, 1.200 reçurent la confirmation, 2.500 la sainte communion. Ce n'était pas, pour tous, la conversion sans rechute, c'est évident ; mais quel soulagement pour ces âmes, quel relèvement à leurs propres yeux, quelle oasis dans cet affreux désert de mépris et d'indifférence qui les écrasait. Il est des lettres de ces infortunés, adressées à leur famille ou aux missionnaires, qui font pleurer, tant y passe un souffle de résignation et de transformation morale.

Aussi, lorsqu'en 1852 la colonie pénitentiaire de Cayenne fut fondée, les Jésuites en furent les premiers aumôniers et les premiers martyrs. Le mot n'est pas trop fort, car ce climat meurtrier les décima sans pitié. Il fallut grelotter la fièvre, souffrir et mourir seul dans des cahutes humides. N'importe! On était bien payé, quand le P. Bigot, par exemple, entrant dans un hôpital où la fièvre faisait rage, se voyait accueilli par ces exclamations : « Enfin! on ne va plus mourir comme des chiens! — Vous ne partirez plus, n'est-ce pas, mon Père? — Voilà quelqu'un qui nous aime! » — Le Père ne les quitta plus, en effet, que pour aller au tombeau.

Un autre, malade lui-même, se faisait porter sur sa paillasse auprès des galériens atteints de la fièvre jaune. Ces héros moururent en grand nombre, mais les déportés avaient été consolés, beaucoup ramenés à la pratique des sacrements et étaient morts en saints.

Pourquoi avoir rappelé cette histoire ancienne, hélas! et que les frères des religieux d'alors ne demanderaient qu'à recommencer? Pour montrer, par cet épisode, ce que
peuvent faire les Congréganistes au service des
âmes, même les plus dépravées, même au
milieu des dangers les plus affolants pour la
nature.

Passons à des asiles moins sombres, quoique
bien tristes encore, n'était l'incroyable gaieté
qu'y fait planer un sacrifice continuel. Il s'agit
des asiles de la vieillesse.

Les plus populaires, mais non les seuls, sont
ceux des Petites Sœurs des pauvres, qui adou-
cissent, à elles seules, les derniers jours de
29.000 vieillards. Avez-vous jamais visité
une de ces maisons? De grâce, faites-le, si
vous voulez connaître jusqu'où peut s'élever l'héroïsme quotidien et joyeux de la religieuse.

Voici les petits vieux et petites vieilles,
échelonnés sur l'échelle de l'âge entre soixante
et quatre-vingts ans, ou même au delà. D'où
viennent-ils? de la misère. Où seraient-ils sans
cet asile? Dans la misère; réduits aux maigres
secours de l'Assistance publique, nichés dans

d'infects réduits comme en possèdent toutes les villes, vraies cavernes, où l'air même est strictement mesuré ; sans douceurs, sans soins, sans affection. Au lieu de cela, voici leurs dortoirs étincelants de propreté, aux grandes fenêtres largement ouvertes, garnis de bons lits, si moelleux aux vieux os fatigués de rouler sur les pierres de la vie. Voici de grandes salles où l'on peut jouer, se distraire, fumer quelquefois sa pipe. Voilà un jardin sinon beau, du moins propret, où les pensionnaires vont remuer leurs jambes raidies et respirer à grands traits. Et la nourriture ? Voyez : chaque matin partent les deux Petites Sœurs quêteuses ; un vieux conduit la petite voiture à âne. On va dans les marchés, suppliant les marchandes de donner ce qu'elles n'ont pas vendu. On s'arrête devant les restaurants et les cafés. Ne vous y donnât-on que le marc usé, on l'accepte avec joie. Une savante industrie saura traiter ces résidus et en extraire encore un peu de ce café noir, dont se montrent si friands les habitants de la maison. On monte chez les bienfaiteurs, on mendie. Sans doute, on est souvent bien accueilli, mais, d'autres fois, que de longues mines ! que de froides réceptions faites à ces importunes. N'importe, ou plutôt

11*

tant mieux. Les dons gracieux sont pour les pauvres, les insultes pour les Sœurs. C'est double gain. Et pourtant plus d'une de ces femmes qui tendent ainsi la main était hier riche et n'avait qu'à le vouloir pour rouler carrosse. Non, elle aime mieux sa cariole à âne, ses rebuffades, ses vieux enfants à soigner.

Une fois rentrée à la maison, va-t-elle se reposer? Ah! il s'agit bien de cela! Il faut faire les lits, la cuisine, frotter, nettoyer, jardiner. Il est vrai, les pensionnaires aident un peu... mais si peu, et il est si misérable l'ouvrage fait par ces mains tremblottantes!

Enfin, le dîner est prêt. Le dîner des Sœurs? Du tout. On n'y pensera qu'ensuite.... s'il reste quelque chose. Car la règle l'exige, on ne mange que les restes des pauvres. J'ai connu une jeune Sœur appartenant à une riche famille, qui, désolée de savoir son enfant chérie soumise à de telles privations, voulait à toute force lui faire manger de la viande de première main. — Que faire? Violer la règle? Nul n'y eût consenti. La famille s'avisa d'un stratagème. Elle acheta une grande quantité de viande, tout ce qu'il fallait pour les vieux et pour les Sœurs... plus même! Puis elle l'envoya, en indiquant sa *volonté expresse* que tout fût servi le jour même. A moins de donner aux vieillards une indigestion, il fallut bien que les Sœurs eussent une fois un dîner convenable.

Même abnégation pour le reste. Si un pensionnaire n'a pas de paillasse, une Sœur lui donne la sienne.

C'est surtout aux jours de fondation qu'il faut voir l'entrain de la charité, l'enthousiasme du dépouillement. La Mère Marie-Thérèse, une des fondatrices, va établir la maison de Nantes avec 20 francs dans sa poche. A Tours, les Sœurs n'ont que deux paillasses pour trois; elles vont donner leur unique drap à une bonne femme, quand on frappe à la porte pour leur en apporter. A Paris, la Mère Marie-Louise, n'arrivant pas tout d'abord à trouver une maison, occupe ses loisirs à soigner les cholériques et est atteinte du fléau. A Saint-Servan , les Sœurs construisent elles-mêmes un nouveau bâtiment, portant les pierres, gâchant le mortier. Cette héroïque misère s'adoucit un peu, après les fondations, mais l'esprit en subsiste toujours, et la vie de la Petite Sœur reste une des merveilles de ce siècle. Si surtout vous contempliez leur joie paisible, leur gaieté même! On croirait, à voir ces saintes filles, découvrir un essaim d'anges joyeux échappés du paradis, afin de soigner les membres souffrants de Jésus-Christ!

Aussi quelle affection pour elles, malgré les bourrasques inévitables causées par la vieillesse chagrine et l'éducation plus ou moins négligée des bons hommes et des bonnes femmes ! Quand les soldats de la Commune envahirent l'asile du quartier de Picpus, ce fut un concert d'invectives : « Que voulez-vous faire à nos bonnes Petites Sœurs?—C'est indigne! c'est une honte! vous êtes des lâches!—Mon bon Monsieur, que deviendrons-nous si vous nous les enlevez? » Le résultat fut atteint. L'espèce d'officier qui commandait la horde fut saisi d'attendrissement et se prit à dire : « Je ne savais pas ce que c'était que les Petites Sœurs ; c'est bien beau ce que vous faites... se dévouer ainsi à tous ces pauvres vieux!... »

« Je ne savais pas... », ce serait le mot de bien des persécuteurs tacites des œuvres religieuses, j'entends de ceux qui *laissent faire*, de ceux qui nomment des députés ou des conseillers municipaux capables de chasser cette armée du bien pour l'empêcher précisément de faire le bien. Mais cette excuse n'est pas valable : « Je ne savais pas. » *Il faut savoir*. La lutte est trop ardente aujourd'hui pour que l'on puisse

ignorer. Il faut s'instruire. Car, si les religieux sont ce que nous disons, *et ils le sont*, ce
serait un crime de lèse-nation, de lèse-humanité que d'empêcher leur action bienfaisante.

De celle-ci, nous n'avons détaché que quelques
traits. Le tableau est loin d'être complet. Ainsi,
nous n'avons pas parlé des religieuses qui
soignent les malades à domicile, de celles qui
se consacrent au soin des fous, rudes besognes
dont la nature frémit et qui exige un singulier
courage.

Il y en a aussi qui s'occupent d'œuvres
ouvrières, et leur douce influence transforme
souvent de pauvres petites jeunes filles, proies
marquées pour le vice, en vaillantes chrétiennes
qui sanctifient leur travail, aident leurs parents
efficacement et fondent ces foyers chrétiens,
seuls capables d'arrêter le socialisme lancé à
l'assaut des sociétés.

Je le répète, je n'ai pas la prétention d'ébau-
cher même une énumération un peu complète.
On peut dire qu'il n'est aucun besoin, aucune
misère qui ne voie venir à elle, les mains ten-
dues, le cœur ouvert, ces messagers de la charité, dont l'amour divin a élargi les puissances
d'aimer et à qui nulle infortune humaine ne
reste indifférente.

Car, à côté du courant principal d'œuvres propres à chaque ordre religieux, il se crée tout un ensemble de dérivations moins apparentes, qui vont encore faire germer le bien dans un rayon plus ou moins étendu. On se rappelle l'action merveilleuse de la Sœur Rosalie dans le faubourg Saint-Marcel. Par elle, l'indigent était visité à domicile, le riche sollicité en faveur du malheureux ; du fond du petit parloir aux meubles rococos dont elle avait fait son quartier général, elle dirigeait ses auxiliaires de charité, venait en aide à tous et devenait la Providence et l'amour de ce royaume de la pauvreté. Proportion gardée, les religieux et les Sœurs sont, un peu partout, la ressource des pauvres, des familles gênées, des ouvriers sans ouvrage. Que de désolés on reçoit ! que d'aumônes on distribue, à la porte de ces couvents que les hommes ne connaissent pas, mais que les anges admirent et que la société devrait non persécuter, mais bénir.

Car c'est le trait d'union de la charité. C'est le contact établi, entre le cœur ulcéré et souffrant du peuple, et le seul cœur compatissant qu'il puisse souvent trouver. Mission d'apaisement vrai, leçon de fraternité de bon aloi, exemple de pauvreté volontaire et ennoblie.

Voilà ce qu'est, auprès des humbles, le rôle des Congréganistes. Voilà surtout ce qu'il serait, si de criminels mensonges ne venaient entraver cette œuvre de paix et d'amour.

Est-ce à dire que tous ceux dont nous parlons soient à la hauteur de leur sublime mission? Ou mieux, est-ce à dire que ces hommes, ces femmes, dévoués jusqu'à l'excès, n'aient pas eux aussi leurs déficits, leurs défauts? Pas le moins du monde. A part quelques âmes de haut vol chez qui la sainteté a détruit tout le mauvais de la nature, le religieux reste soumis à des défaillances, à des imperfections. Le contraire serait un miracle si grand qu'il dépasserait toute merveille. Mais cette scorie parfois trop visible à la surface, empêche-t-elle la valeur de l'or qu'elle voile un peu? S'en scandaliser, nier, de ce fait, la vertu et les services des Congrégations, c'est une absolue mauvaise foi, ou, plus souvent, une inconcevable étourderie. Vous avez vu un religieux manquer de mesure ou, au contraire, de zèle. Vous avez entendu dire que tel est trop aventureux, tel autre un peu indiscret dans ses demandes pour les pauvres. Cette religieuse s'impatiente parfois avec les enfants, celle-ci parle trop, celle-là est quelque peu revêche. Et

voilà que vous haussez les épaules et que, tout
hypnotisé par ces défauts, — désagréables, je le
veux, mais sans malice, et que vous avez peut-
être, vous-même, — vous déclarez : « Après tout,
elles ne sont pas si parfaites, ces religieuses;
ils ne sont pas si dévoués, ces Frères ! » De
bonne foi, est-ce juste, et ces minimes défaillances, combattues et pleurées, — soyez-en sûr,
— doivent-elles faire oublier les immenses vertus
déployées et qui servent d'ossature aux grands
services rendus?

De grâce, ici encore, ne jugeons pas au
microscope un puissant tableau aux forts reliefs,
aux grands effets. Regardons l'ensemble. Est-il
vrai que 160.000 êtres disent adieu à leur
famille, à leur fortune, à leur douce indépendance, à leurs rêves légitime de gloire, d'affection, de bonheur, par amour de Dieu et pour le
service des pauvres?

Est-il vrai qu'au prix de ces sacrifices plus
de 2.000.000 d'enfants sont instruits au gré de
leurs parents; que plus de 200.000 vieillards,
orphelins, malades sont soignés, consolés,
nourris, moralisés, hospitalisés, et que d'innombrables indigents sont secourus?

Oui. Eh bien ! laissez-moi les fautes de détail,
les empâtements de couleurs, les petits défauts

d'harmonie, les nuances un peu heurtées. Tout cela détail, détail insignifiant ! (quoique chacun s'efforce de les corriger selon la faiblesse humaine). Mais l'œuvre, *prise dans son ensemble*, est grandiose, incomparable. Respectez-la, admirez-la, et surtout ne la détruisez pas à plaisir, pour faire le jeu de quelques sectaires, qui veulent jeter quelque chose à ronger aux passions qu'ils ont follement déchaînées.

Voilà, semble-t-il, l'irréfutable conclusion à tirer de cet exposé trop sommaire, trop mesquin, des services rendus à la société par les Congrégations, dans l'ordre de la charité.

Et maintenant, montons plus haut encore : voyons les religieux serviteurs incomparables de la civilisation et gloire de la France.

CHAPITRE IX

A QUOI SERVENT LES RELIGIEUX ?
A FAIRE AIMER LA FRANCE[1]

Cet apostolat du patriotisme s'exerce de deux façons : au dehors, par les missionnaires ; au dedans, par les éducateurs de la jeunesse.

De ces derniers, il serait superflu de parler sans les inconcevables attaques dont ils sont périodiquement l'objet. Attaques dont l'injustice n'a d'égale que la violence et qui, pour comble d'ironie, partent de ceux-là mêmes qui sacrifient la pauvre chère patrie à leurs mesquines ambitions, ou célèbrent l'aurore de l'internationalisme. En regard de ces hommes qui crient : « A bas la patrie ! A bas l'armée ! », présentons donc un rapide tableau des services rendus à la France par les maîtres congréganistes et leurs élèves.

Il me souvient de l'impression réconfortante éprouvée jadis en franchissant, pour la première fois, le seuil de la célèbre « rue des Postes ».

Dès l'entrée, à gauche, dans la petite cour, de

1. Une partie de ce chapitre a déjà paru dans les *Études* du 5 novembre 1899.

larges plaques de marbre se dressaient, faisant étinceler en lettres d'or les noms de quatre-vingt-quatre élèves récemment tués à l'ennemi. Plus éloquentes encore étaient les pages restées vides du martyrologe de pierre. Elles disaient que la liste n'était pas close de ceux qui apprendraient en ces murs à mourir pour la France..., et, de fait, nos guerres coloniales l'ont glorieusement allongée. A côté, une blanche statue de martyr, celle du P. Ducoudray, le maître de ces héros, comme eux tombé sous les balles... non pas prussiennes, hélas ! Plus loin apparaissaient, dans des médaillons de marbre, les silhouettes énergiques de deux autres victimes : le P. Clerc, ancien polytechnicien, ancien marin, ancien aumônier, et le P. de Bengy, lui aussi apôtre de nos soldats en Crimée et à l'armée de Châlons. Au parloir, mêmes leçons de choses ; partout les portraits de nos aînés morts au champ d'honneur. Les longs couloirs, ornés de gravures militaires, tenaient le même fier langage ; et aux rares jours de fête, quand s'élevait vibrante et chaude la voix du successeur du P. Ducoudray, c'était encore de la France qu'il parlait ; Elle qu'il nous disait de servir, de défendre, d'aimer jusqu'à l'effusion du sang.

Tels sont les enseignements que nous recevions.

Si on veut les juger plus à loisir, que l'on prenne l'admirable livre du P. Chauveau sur les anciens élèves de la rue des Postes[1]. Ce n'est qu'une longue épopée de l'amour de la France, amour de bon aloi, certes, car il se traduisait non en paroles creuses, mais en sang répandu, en jeunesse sacrifiée, en mort héroïque. Et l'on verra alors combien juste est l'appréciation de M. Albert Duruy : « Je ne sache pas que les jeunes gens qui ont appris l'histoire dans les livres du P. Gazeau aient fait mauvaise figure à l'ennemi, ni fourni beaucoup de chefs à l'émeute. Or, c'est précisément cela qu'il eût fallu prouver, et, tant qu'on ne l'aura pas fait, tant qu'on ne nous aura pas démontré que les 90 élèves de la rue des Postes, morts au champ d'honneur en 1870, étaient de mauvais citoyens, il nous sera tout à fait impossible de prendre au tragique les citations de M. Jules Ferry. En fait d'arguments, Coulmiers et Patay valent bien, somme toute, la bulle *Unam Sanctam* et le *Syllabus*[2]. »

Veut-on jugement plus compétent encore ? S'il

---

1. Nous parlons surtout de ceux-là parce qu'ils sont plus attaqués ; mais, dans tous les collèges ecclésiastiques et religieux, on trouve les mêmes trophées de gloire et de patriotisme, tout sanglants des sacrifices du passé et gages d'espérance pour l'avenir.

2 *Revue des Deux Mondes*, 1er janvier 1880.

est des élèves de l'enseignement libre particulièrement odieux aux jacobins, ce sont, à coup sûr,
ces zouaves pontificaux, presque tous formés par
des maîtres ecclésiastiques et auxquels on
s'acharnait à nier le titre de Français parce qu'ils
étaient soldats du Pape. Et pourtant, à peine
relâchés par les vainqueurs de la Porta Pia,
les voici à la disposition du Gouvernement
qui tient le drapeau du pays. Autour d'eux, se
rangent de jeunes héros élevés comme eux,
en chrétiens. Dans cette troupe d'élite, on croit
en Dieu, on se confesse, on communie et, avant
les suprêmes assauts qui sauvent l'armée ou,
du moins, l'honneur, on fléchit le genou pour
recevoir le pardon du ciel. Puis on se relève, on
s'élance avec la belle *furia francese*, on ne
recule pas, on tombe, on meurt ; et l'on console
la France en deuil par les exploits d'Auvours, de
Cercottes, de Bellême, de Patay surtout, ou, de
300 zouaves, 218 restent sur le terrain. Et voici
les témoins irrécusables de cette bravoure.
« Les volontaires pontificaux se montrent
héroïques », écrit Chanzy[1]. « Le 12 janvier, dit
le général Gougeard, les zouaves, dont le bataillon ne comptait plus que d'héroïques débris,

1. *Deuxième Armée de la Loire*, p. 315.

soutinrent la retraite ; certes, jamais troupes plus braves ne portèrent plus haut dans ses malheurs le drapeau de la France, et c'est une justice qu'aime à leur rendre celui qui les a vus à l'œuvre et qui regardera comme un éternel honneur d'avoir commandé à de tels hommes[1]. »

Le même officier déclare que, sur 9 capitaines, il en est revenu 2 ; sur 1.000 hommes, 350. « Ils n'ont pas laissé aux mains des Prussiens un seul prisonnier ; leurs pertes étaient toutes en tués ou blessés[2]. »

Enfin le ministre de la Guerre, général de Cissey, décerne au bataillon ce magnifique éloge : « Au moment où la France a été envahie et accablée sous le poids des malheurs, vous n'avez pas hésité à venir lui offrir votre bras, votre cœur et le meilleur de votre sang... Partout où votre belle légion a combattu, elle s'est distinguée au premier rang par son courage, par son dévouement et son élan devant l'ennemi... L'armée vous en remercie par ma voix[3]. »

L'Année sanglante n'a pas scellé le livre d'or. Celui de la rue des Postes, en particulier, a été magnifiquement continué par les guerres colo-

1. *Deuxième Armée de la Loire*, p. 54.
2. Déposition du général Gougeard (*le Camp de Conlie*, p. 83).
3. Ordre du jour au moment du licenciement.

niales, et le Tonkin, à lui seul, l'a enrichi de la gloire de 29 noms nouveaux. Parmi les héroïques explorateurs dont les exploits ont fait, depuis trente ans, battre le cœur de la France, plusieurs, et non des moindres, avaient appris le patriotisme à l'école de l'Église et de la Religion, prouvant ainsi que l'amour de Dieu et le respect de sa loi n'enlèvent rien aux élans généreux et aux viriles exécutions.

On vient de voir au feu les élèves. Allons plus à l'intime de leur formation : étudions leurs maîtres, voyons ce qu'ils ont fait, ce qu'ils font chaque jour pour la patrie. Partout, aux champs de bataille, aux colonies, aux missions, nous les surprendrons occupés à aimer, à faire aimer la France, et nous ne nous étonnerons plus qu'ils aient inspiré de pareils sentiments à ceux qu'ils furent chargés d'élever.

Nous avons déjà parlé des immenses services rendus par les religieux dans les ambulances en 1870. On évalue à 15.000 le nombre des blessés soignés par eux, rien qu'à Paris. Mais, plus encore que l'ambulance, le champ de bataille les attirait. Soixante Jésuites furent de la fête, plusieurs furent blessés en marchant au feu avec leur bataillon. Deux Dominicains furent décorés; le P. Joseph, Barnabite, devint légendaire par sa charité à l'égard de nos soldats prisonniers en Allemagne. Les religieuses, nous l'avons aussi rappelé, ne montrèrent pas moins de bravoure. Une fois de plus s'est vérifiée, en ces tristes jours, la parole d'un grand patriote, Mgr Freppel : « Servir Dieu et la France, c'est tout un. »

Mais ces glorieux souvenirs sont le passé... et l'ingratitude humaine oublie si facilement les services passés ! Voici, en revanche, un champ de bataille permanent où s'épanouit, merveilleux, le dévouement patriotique des religieux et des religieuses. On a deviné : les missions.

Avant tout, précisons un point : il le faut pour la franchise et la netteté. Le missionnaire catholique n'est pas l'agent commercial ou diplomatique de son pays, si aimé soit-il. Dans les contrées soumises régulièrement à d'autres puissances européennes ou indigènes, chrétiennes ou non, il ne cherche aucunement à fomenter la révolte, ni à préparer des conquêtes. L'affirmation contraire ne serait qu'un mensonge, pour essayer vainement d'excuser les actes d'odieuse barbarie dont la Chine est le théâtre. Le premier enseignement de l'apôtre est une leçon de soumission aux pouvoirs établis, même infidèles. Ceux-ci n'ont donc rien à redouter de leurs sujets chrétiens, pourvu qu'ils se montrent à leur égard simplement humains et respectueux des droits de leur conscience. Ces néophytes ne deviennent pas, du fait de leur conversion, des agents de l'étranger, ils restent de leur pays ; ils ne sont ni des traîtres, ni des révoltés, et n'amèneront nullement des interventions étrangères. Ce qui produit celles-ci, c'est la persécution sanglante, les massacres, les perfidies, tout ce qui constitue un affront à l'humanité. Car, de nos jours, les droits de l'humanité tendent à entrer, de plus en plus, dans la sphère de protection des nations civilisées ; et toute hésitante, capricieuse, pusillanime que soit cette protection, elle est cependant un bien. Par ailleurs, la politique de la porte fermée est désormais impossible. Ce n'est pas la religion seule, c'est le négoce, l'industrie, la science, la curiosité même, qui enfoncent de partout ces vieilles grandes murailles.

Puis donc que l'interdiction de répandre la civilisation de l'Évangile est, de moins en moins, praticable ; puisque la doctrine catholique ne présente aucun danger pour les gouvernements même infidèles ; puisque c'est la politique sanglante ou persécutrice qui moti-

verait seule des interventions étrangères, la
conclusion s'impose : l'intérêt bien entendu
des peuples est de laisser libres les apôtres,
qui rendront leurs citoyens plus soumis, plus
honnêtes, et ne causeront aucun péril national.

Ceci bien établi, il reste néanmoins mille
moyens de servir la France. S'agit-il des
immenses régions acquises à notre influence?
Inspirer l'amour de la mère patrie est le devoir
du missionnaire, et nous allons voir de quel
cœur il le remplit. Ailleurs, son abnégation, sa
charité, font à notre pays une réputation de
bonté qui lui conquiert l'affection de tous et
facilite, tôt ou tard, les relations amicales et
même commerciales. Par là, s'attache au nom
français une auréole de vertu, d'intrépidité, de
bienveillance, plus précieuse mille fois que les
conquêtes guerrières. Cela, c'est la vraie gloire,
et qui la procure à son pays lui donne la vraie
grandeur.

Il faudrait maintenant parcourir le monde,
s'asseoir dans la tente arabe ou la hutte
congolaise, monter sur la barque annamite,
pénétrer dans la chaumière du Liban, pour
contempler prêtres et religieuses[1] dans leur

1. Il est difficile de donner le chiffre exact des missionnaires
français. Il est certain que leur nombre dépasse celui des

œuvre chrétienne, civilisatrice et patriotique.

De ces admirables scènes, nous avons un vivant tableau dans un beau livre que je voudrais pouvoir offrir, en don de joyeux avènement, à tous nos députés et sénateurs nouvellement élus. *Loin du Pays*[1], c'est le titre de cet ouvrage où le P. Rouvier a su, dans une monture artistique et littéraire, enchâsser les détails de cette émouvante statistique. Aussi bien, ne sont-ce pas des joyaux, ces chiffres qui charment notre esprit exact, mais sous lesquels se cachent les plus nobles vies humaines données goutte à goutte sous les

autres nations réunies. D'après le cardinal Vaughan, il est les deux tiers du total. M. Louvet, dans son *Histoire des missions*, accepte ce chiffre pour les prêtres ; mais, parmi les religieuses et les frères missionnaires, les quatre cinquièmes seraient nos compatriotes. En toute hypothèse, quelle gloire, pour la France' d'être ainsi à l'avant-garde de l'armée civilisatrice et chrétienne !

Quant aux nombres absolus, nous donnerons ceux du très documenté Rapport sur les missions catholiques françaises, publié par le R. P. Piolet à l'occasion de l'Exposition.

Il y aurait environ 4.500 prêtres missionnaires français, 4.000 Frères missionnaires français, 10.500 religieuses missionnaires françaises.

Nous attendons que les francs-maçons nous apportent de pareils états de service.

1. *Loin du Pays*, par le P. Rouvier. Édition illustrée sur les dessins de l'auteur (Paris, Victor Retaux, p. 390). — C'est à ce trésor de documents que nous empruntons les citations qui suivent.

lants climats, pour l'amour du Christ adoré et de sa France chérie[1] !

Voici d'abord les Trappistes de Staouéli, demandés comme modèles de colonisateurs pour l'Algérie naissante, qui semble défier tous les efforts. Ils partent et veulent poser la première pierre du monastère sur un lit de boulets français retrouvés dans cet ancien champ de bataille. Ancien, ai-je dit... pour les nouveaux venus, cette lande inculte redevient un lieu de combat ; un ennemi plus terrible que l'Arabe les attend ; c'est la fièvre. Dix mois après, elle a couché dans leur tombe de sable, dix des héros défricheurs. Les autres vont-ils céder, et porter par là, selon le mot du colonel Marengo, un coup terrible à la colonisation ? — Ils n'y songent guère. Leur chef, ce moine soldat immortalisé par Horace Vernet dans la *Messe en Kabylie*, parcourt la France, demandant parmi ses Frères des recrues volontaires pour la mort. Il en trouve, et, au bout d'une année, onze victimes de plus ont payé de leur vie leur patriotique tenacité ; l'an suivant, il en tombe dix encore.

1. Inutile de faire remarquer que cette rapide énumération est loin d'être complète. On trouvera un résumé de l'œuvre des Missions Françaises, accompagné de nombreuses statistiques, dans le rapport du P. Piolet (Chez Téqui, 1900, 2 francs).

Et, néanmoins, le bras débilité des survivants pousse toujours la charrue; la victoire reste enfin aux champions de la France colonisatrice. Qu'y avaient-ils gagné au point de vue humain? Leur pitance restait aussi maigre, leur lit assez dur pour étonner la rude main de Bugeaud.

Au reste, le vieux soldat se prenait à aimer les moines parce qu'il aimait cette nouvelle France qu'ils fondaient avec lui. « Comment, le P. Brumauld est jésuite! » s'écriait-il devant l'interlocuteur qui lui faisait cette lugubre révélation... Puis après une pause : « Qu'il soit le diable s'il veut! Il fait le bien en Algérie; il sera toujours pour moi un ami! » De fait, le missionnaire recueillait les orphelins d'Alger et de Paris, destinés, grâce à leur délaissement à devenir de parfaits drôles; il en formait deux orphelinats en pleine prospérité, les changeait en honnêtes chrétiens et ne les rendait à la société que transformés en utiles colons.

C'était comme l'aurore des grandes œuvres, — arabes, celles-là, — du grand et patriote cardinal Lavigerie, dont un bon juge, l'amiral de Gueydon, pourra dire : « C'est la seule chose sérieuse qui ait été faite pour l'assimilation des indigènes. »

Assimilation française aussi, celle que com-

12*

mencent en Kabylie les Jésuites, dont l'un, simple Frère coadjuteur, devient, par son dévouement médical, « le plus populaire des Français [1] ». Les Pères blancs continuent cette œuvre, là et dans le Soudan, en dignes fils du « Grand lion d'Afrique », tandis que, non moins dévouées, les Sœurs blanches résolvent ce problème si ardu : Élever, transformer la femme arabe, tout en lui laissant ses aptitudes et sans en faire une pseudo-parisienne que les indigènes refusent d'épouser [2].

A Tunis, même spectacle : c'est toute une armée pacifique de Frères et de religieuses, occupés, dit M. V. Guérin, à faire estimer et aimer la France [3].

Descendons vers l'ouest de l'Afrique : au Sénégal, en Guinée. Nous nous y heurtons, pour la première fois, à l'hostilité anglaise. Partout sur la Côte d'Or, « les noirs sortis des écoles anglaises sont nos pires ennemis... et ne négligent aucune occasion de nous nuire dans l'esprit de la population [4] ». Qui va s'opposer

---

1. *A travers la Kabylie et les questions kabyles*, par François Charvériat, professeur à la Faculté de droit d'Alger, p. 161.

2. *Ibid.*, p. 151, 155, 164.

3. *La France catholique en Tunisie*, par V. Guérin, agrégé de l'Université, p. 56.

4. *L'Alliance française*, par P. Foncin, p. 28.

à ces menées sourdes, qui va ouvrir des écoles françaises où les indigènes puiseront la connaissance de notre langue et l'amour de leur nouvelle patrie? Qui ira, sous un soleil brûlant, aux prises avec la fièvre, instruire ces nègres peu attrayants? Toujours des religieux : les Pères des Missions africaines de Lyon, les Pères du Saint-Esprit, les Frères de Lamennais, les Sœurs de Saint-Joseph de Cluny. Puisque nous nommons ces héroïques religieuses, disons un mot de leur histoire coloniale. C'est beau, c'est français, comme une chevauchée de Jeanne d'Arc au continent noir.

A peine fondée depuis douze ans, la jeune Congrégation est appelée au Sénégal par le Ministre. La supérieure est cette femme extraordinaire dont Louis-Philippe, peu enthousiaste de son naturel, disait : « Mme Javouhey, c'est un grand homme. » Elle accourt de France, afin d'initier elle-même ses filles au rôle de missionnaires, ouvre des classes à Saint-Louis et à Gorée, accepte des hôpitaux et envoie à ses Sœurs d'Europe des mots d'ordre comme ceux-ci : « Encouragez les jeunes Sœurs pour les colonies... Animez tout le corps d'un saint zèle pour les colonies... Que nos novices ne soient pas des femmelettes, qui s'écoutent et se comptent pour quelque chose. Il faut du courage et de la bonne volonté ; avec cela, les plus simples filles font de grandes choses. » La consigne sera comprise et réalisée. En 1867, au lendemain du choléra, le Ministre conférera aux survivantes vingt-neuf médailles d'or de première classe. Plus belle récompense encore, 9 religieuses emportées par le fléau auront été recevoir au ciel un prix plus stable. En 1878, ce sera mieux ; 14 tomberont pour Dieu et pour la France. J'ignore s'il y eut des médailles distribuées. En revanche, la franc-maçonnerie préparait sa loi ; et désormais le droit d'accroissement serait réclamé chaque fois qu'une de ces héroïnes de la charité mourrait au service du pays !

Mais revenons à la mère Javouhey ; elle allait accomplir une œuvre patriotique, unique en son genre. La colonie de Mana, à la Guyane, s'écroulait misérablement : le Gouvernement s'adresse à la pauvre religieuse, âgée de quarante-huit ans, épuisée par les fièvres. N'importe ; elle part avec une troupe de ses Sœurs, ranime le courage des rares survivants, civilise les Indiens, secourt les lépreux, transforme en colons les esclaves libérés, terreur des blancs, et amène le territoire de Mana à une prospérité égale, sinon supérieure, à celle de Cayenne. Faut-il s'étonner que la *Revue française de l'Étranger et des Colonies* s'exprime en ces termes : « La mère Javouhey restera incontestablement la plus remarquable figure de l'histoire de la colonisation française au XIXe siècle... La France, qui, malgré ses déboires, dus aux procédés et non au principe, sent que, pour vivre, elle doit être coloniale, accomplirait donc un acte de justice en élevant une statue à la grande religieuse dont la vie et l'œuvre furent consacrées aux colonies françaises[1]. »

Nous voici maintenant au Tonkin, et il semble que, là surtout, si le missionnaire eût eu quelque froideur de cœur à l'égard du pays, il devait être tenté de la laisser voir. C'était le temps d'un renouveau de persécution, et les hommes, mis à la tête de la colonie, étaient justement les plus chargés de lauriers anticléricaux. Et pourtant, à peine débarqué, Paul Bert est charmé de l'œuvre des missionnaires. Il dit que nous ne devons pas oublier à leur égard nos dettes de reconnaissance. Bien plus, il devient leur défenseur contre le rusé mandarin Hoang-ke-viem, qui, très logiquement d'ailleurs, demande au persécu-

1. 15 août 1890.

teur des Congréganistes en France de les lui laisser expulser du Tonkin.

M. Constans n'est pas moins cordial avec les catholiques, spécialement avec Mgr Puginier et l'évêque de Saïgon. Voici même comment il apprécie, en plein Sénat, les Jésuites de Chine qu'il avait vus à Shanghaï : « Je les ai accueillis comme j'accueillais à l'étranger tous les Français, *tous les bons patriotes*. Je n'ai jamais prétendu qu'ils ne fussent pas bons patriotes, et volontiers je les proclame tels avec vous[1]... » C'est dans le même discours que l'orateur juge les religieuses : « Je dis que les bonnes Sœurs qui sont en Extrême-Orient nous rendent d'immenses services. »

M. Aymonier, devenu directeur de l'École coloniale, après avoir passé dix-huit ans en Orient, est un témoin non suspect. Il se déclare en effet « on ne peut plus éclectique en matière de dogmes religieux ». Et, néanmoins, il rend plein hommage à l'œuvre patriotique de nos missionnaires en Annam : « Ils dirigent, dit-il, 600.000 chrétiens, qui, de ce fait, sont, bon gré mal gré, considérés par le parti de la résistance comme étant Français eux-mêmes » Aussi, ré-

1. Sénat, 4 avril 1895.

clame-t-il l'envoi de 50 à 100 missionnaires chaque année ; il demande pour eux une subvention annuelle de 2 millions et déclare inconcevable que l'on entrave leur recrutement en France [1].

N'oublions pas non plus que l'origine même de cette colonie est l'œuvre de la Société des Missions étrangères. C'est elle qui établit au xviie siècle les premières relations entre la France et l'Annam. C'est Mgr de Béhaine qui, en 1787, négocie le traité nous concédant une île et un port en Cochinchine. De nos jours Mgr Sohier, Mgr Puginier, furent constamment à la disposition de nos gouverneurs ; et c'est à ce dernier que le héros d'Hanoï écrivait : « Monseigneur, le Tonkin vous est connu mieux qu'à personne, et vous avez l'amour de la France. Voulez-vous m'aider à consolider notre conquête, en désignant les indigènes capables de la gouverner sous moi ? » C'était bien connaître l'intrépide évêque dont la vie, toute de foi et de patriotisme, est retracée fidèlement dans cette définition donnée par lui de ses collaborateurs : « Missionnaires, nous travaillons pour Dieu, pour notre patrie et pour le pays que nous évangélisons. »

1. *La Langue française et l'Enseignement en Indo-Chine,* par E. Aymonier, p. 40, 41.

Du Tonkin à la Chine, il n'y a qu'un pas. Là encore, les témoignagnes abondent, sur le rôle patriotique de nos prêtres perdus, comme la poignée de levain, dans la pâte dormante d'une civilisation vieillotte et fade. « Qu'on ne vienne pas me dire, déclare l'amiral Humann, que cette influence bienfaisante demeure stérile pour les intérêts généraux du pays! Partout où réside le missionnaire, le nom de la France se fait connaître, le prestige s'affirme et s'accroît. » L'amiral Jurien de la Gravière est plus explicite encore : « En Chine, tous les prêtres catholiques ont le cœur français, tous les missionnaires apprennent à leur néophytes à bénir le nom de la France[1]. »

Les étrangers ne pensent pas autrement, et, s'ils mêlent à leurs éloges une pointe d'amertume, ce n'est pas pour affaiblir l'autorité de leur déposition. « Dans le monde idéal, dit le baron de Hübner, les Français sont le peuple expansif. Ils ont, en faisant beaucoup de bien et beaucoup de mal, communiqué au monde civilisé leurs idées, leurs goûts et leurs modes.

---

1. Jurien de la Gravière, *Voyage de « la Bayonnaise » dans les mers de Chine*, t. I, p. 910. — L'Anglais Archibald Colquhoun, auteur de l'ouvrage *Autour du Tonkin*, parle aussi des « sentiments vraiment français » des missionnaires (t. II, p. 210).

Mais aucune nation n'aime moins à se déplacer. Les émigrants français sont les moins nombreux, et, sauf des exceptions honorables, n'appartiennent pas toujours à l'élite de la nation... Mais, à côté de ces émigrés qui ne réussissent pas toujours, on en voit d'autres qui, tout en vivant et agissant dans l'obscurité, s'entourent, *eux et leur patrie*, de l'auréole d'une impérissable gloire. En Chine, partout où vous voyez au-dessus d'un consulat flotter le pavillon français, vous apercevez dans le voisinage la flèche d'une église, et, à côté, un couvent, une école, un hôpital[1]. » Voilà pourquoi, sur cent Chinois qui parlent notre langue, quatre-vingt-quinze l'ont étudiée chez les missionnaires.

Continuons notre tour du monde un peu irrégulier, à la suite de nos infatigables pionniers. Aussi bien, voici leur conquête par excellence, gardée à la France, pour ainsi dire malgré elle : Madagascar. Quelle lutte ont soutenue les Jésuites français contre les empiétements des protestants anglais. Grâce à des ressources de presque 1 million par an, les prédicants avaient une armée de 7.000 auxi-

1. *Promenade autour du monde*, par le baron de Hübner, ɪ. 474.

liaires indigènes environ ; 92.000 enfants
étaient inscrits dans leurs écoles. Les missionnaires catholiques ne recevaient qu'une subvention de 20.000 francs (!) et devaient se procurer
comme ils pouvaient les 180.000 francs destinés à équilibrer, vaille que vaille, leur budget
de famine. Et pourtant, au début de la deuxième
guerre, ils avaient groupé 112.000 catholiques,
ouvert 2 collèges et 539 écoles fréquentées par
16.000 élèves. Par leurs soins, un bel observa-
toire glorifiait aux yeux des Hovas la science
française, et une carte détaillée de l'Imerina,
un canevas du pays Betsiléo, s'achevaient au
prix de mille peines et de mille dangers. Aussitôt la guerre déclarée, les missionnaires s'offrent
comme aumôniers militaires, et la tombe de
plusieurs marque les points de départ et d'arri-
vée de notre armée. C'est bien ainsi : le corps
du prêtre français est à sa place au milieu de
nos soldats morts pour la France. Ils servaient
la même cause, et nous espérons qu'ils ont
reçu une même récompense.

Un Anglais, le Rév. Kenelm Vaughan, a rendu
à ces vaillants le témoignage que l'on va lire :
« La presse radicale ne poursuit pas moins ces
ouvriers dévoués de ses calomnies. Notre amiral
Jones a été plus juste pour eux. Après la

célèbre visite qu'il fit, en 1881, à Tananarive, au nom du Gouvernement, il a déclaré, dans son rapport de 1883 au Parlement britannique, que « ces hommes qui travaillaient dans « le silence plantaient sur cette terre un arbre « bien supérieur à tous les autres ». Que les radicaux continuent donc à accuser les missionnaires français d'être sans patriotisme. Sans patriotisme ! vraiment ! Une telle accusation nous fait sourire de pitié, tant elle est ridicule ! pour moi, j'ai vu ces prêtres à l'œuvre, *et je déclare qu'ils sont bien plus Français que beaucoup de Français en France*[1]. »

Remontons enfin vers la Syrie. Nous voici sur la terre classique du protectorat, celle où, depuis les croisades, les noms de catholique et de *frangi* sont unis dans une affectueuse reconnaissance. « Nous n'avons rien épargné, dit M. Gabriel Charmes, pour ruiner notre prestige dans l'Orient méditerranéen ; notre diplomatie y a commis les fautes les plus graves ; notre commerce s'y est laissé dépasser par d'autres. Et pourtant, nous y sommes toujours regardés comme la grande nation européenne. Pourquoi, sinon parce que

1. *Tablet*, august 27, 1892.

des moines et des Congrégations continuent à
y prendre les enfants en bas âge pour leur apprendre à murmurer le nom de la France et
celui de Dieu[1]. » De cette influence, notre iné-
puisable charité après les massacres de 1860 a
été un premier facteur. De tous côtés les œuvres
catholiques ont construit hôpitaux, orphelinats,
où prêtres et religieuses se sont mis, sans
compter, au service de la misère. Le second
facteur est l'enseignement. « Si tout le monde
parle français en Égypte, c'est aux Frères de la
Doctrine chrétienne qu'on le doit; si on parle
mieux encore en Syrie, c'est aux Jésuites, aux
Lazaristes, aux écoles grecques-catholiques et
maronites qu'en revient le mérite[2]. » M. Gabriel
Charmes cite à l'appui une suggestive anecdote.
Il rencontre en plein désert, dans les environs
de la mer Morte, une femme bédouine qui parle
couramment le français.

« — Où donc avez-vous appris le français?

« — Chez les Sœurs de Saint-Joseph », me
répondit-elle...

« Les services qu'ont rendus à l'influence
française ces modestes Sœurs de Saint-Joseph

1. *Revue des Deux Mondes. La France et le Protectorat
catholique en Orient*, par G. Charmes, 15 février 1883.
2. *Revue des Deux Mondes*, 1883, t. LV, p. 779.

sont incalculables. Partout elles ont fait aimer notre nation, en même temps qu'elles en ont enseigné la langue. *Les indigènes nous jugent d'après quelques religieux et quelques religieuses qui passent leur vie à répandre des bienfaits autour d'eux*[1]. »

A Beyrouth, s'élève la magnifique université fondée et dirigée par les Jésuites; école française de médecine, imprimerie, collège, séminaire, telle est cet œuvre « dont le patriotisme français autant que l'Église catholique peut revendiquer la création ; ne symbolise-t-elle pas les deux plus grandes forces du monde : la religion et la science pure[2] »? A ce témoignage de l'amiral Aube, joignons celui, plus récent, d'un membre de l'Institut, M. Larroumet, racontant une visite au même établissement. Après avoir fait, lui aussi, l'éloge de l'installation scientifique, il ajoute : « Ces Jésuites sont Français et travaillent pour la France. *S'ils appartiennent à un ordre cosmopolite, cela ne les empêche pas d'aimer leur pays*, comme on l'aime à distance d'un amour plus éclairé, plus actif et moins tranquille. J'ai encore dans l'oreille l'accent avec lequel ils me

1. G. Charmes, *Voyage en Palestine*, 1891, p. 103.
2. Amiral Aube, *A terre et à bord*, p. 45.

disaient : « Nous sommes Français et notre
« œuvre est française. » Les abandonner serait
pour la France s'abandonner elle-même[2]. »

M. Constans, que nous retrouvons ici, n'est
pas d'un avis différent. Dans une « interview »
qui n'a pas été démentie, il déclare nos religieux « désintéressés et courageux jusqu'à
l'héroïsme »; il reconnaît qu'avec quelques centaines de francs chaque année ils font des
prodiges. « En Orient, ajoute-t-il, ils rendent
d'immenses services; la France se doit à elle-
même de les aider et de les protéger; le jour
où elle les abandonnerait, c'en serait fait de son
prestige dans tout l'Orient. » Il n'est pas jusqu'aux Jésuites qui ne reçoivent de leur ancien
persécuteur un nouveau brevet d'activité et de
patriotisme.

Mgr Charmettant, directeur des Écoles d'Orient,
dans son beau mémoire aux députés sur les
périls que les nouveaux projets de loi font courir à nos missions et à l'influence française, cite
encore d'autres témoignages. Il nous donne
aussi, avec sa haute autorité, cette éloquente
statistique :

« Nos communautés des divers ordres de reli-

1. G. Larroumet, *Vers Athènes et Jérusalem.*

gieux et religieuses possèdent, dans le Levant, environ 500 maisons, auxquelles se rattachent 1.500 groupes, ayant ensemble plus de 5.000 écoles où l'on enseigne le français à 80.000 enfants de toute nation, de toute race, de toute religion, sans compter les œuvres hospitalières qui leur sont annexées, et où sont recueillis, consolés, soignés tous les ans, plus de 100.000 malades ou infirmes indigents. »

Comprend-on maintenant la lumineuse parole de Fuad-Pacha à un consul de France en 1860 : « Je ne crains pas les 40.000 baïonnettes que vous avez à Damas. Mais je crains les 60 robes que voilà..... »? Et il montrait des Franciscains, des Lazaristes, des Jésuites.

« — Pourquoi? demanda le consul.

« — Pourquoi? Parce que ces 60 robes font germer la France dans le pays[1]. »

Comprend-on les affirmations de M. de Douville-Maillefeu, un radical?

---

1. Fuad-Pacha avait tort de s'inquiéter. Répétons-le encore: l'influence française des missionnaires ne tend pas à faire naître la révolte parmi les populations syriennes. Ce qui pourrait l'exciter, ce qui pourrait ramener des interventions, ce serait les iniques vexations des musulmans, ou d'abominables massacres comme ceux de 1860 et ceux plus récents d'Arménie. Si la Sublime Porte veut jouir en une profonde paix de ses possessions maronites et arméniennes, qu'elle s'y montre tout simplement juste et humaine. Dès lors, elle

« Je parle à la tribune française ; je n'ai qu'un intérêt, celui de ma patrie, de ma France, de la propagation de la langue française…

« Or, je tiens à déclarer que partout en Orient, quelque soit l'Ordre auquel appartiennent les religieux des deux sexes, quelle que soit la robe qu'ils portent, tous montrent, — j'en ai eu la preuve, — un dévouement absolu pour le nom français. Je dois dire non seulement la vérité, mais toute la vérité. Je rends hommage au rôle français des Congrégations catholiques en Syrie et en Palestine[1]. »

Comprend-on le cri ému de Jules Simon :

« Il sont là-bas servant la cause de la France, mourant pour Dieu et pour nous[2] ! »

Et voici que M. G. Charmes, déjà tant de fois cité, met au tableau un dernier trait, qui lui donne ce je ne sais quoi d'achevé qu'ajoute aux grandes vertus… l'ingratitude même des obli-

profitera gratuitement de l'action civilisatrice de la France, sans avoir rien à craindre de ses armes. Au surplus, on n'arracherait la Syrie à notre pacifique influence que pour la jeter en proie aux convoitises, bien autrement brutales, des nations schismatiques et protestantes. Là encore, l'intérêt de la Turquie est de laisser le catholicisme et la France faire le bien, panser les plaies, secourir les misères, dissiper les ignorances. C'est leur but, et il est tout bienfaisant.

1. Discours à la Chambre, 6 novembre 1890.
2. Discours de Caen, 27 mai 1392.

gés. « On me permettra, à moi qui ne suis animé d'aucune passion religieuse d'aucun genre, de rendre aux Missions ce témoignage que leur patriotisme au dehors n'a pas même été ébranlé par la terrible persécution qu'elles ont subie au dedans[1]. »

Ces paroles et toutes celles que j'ai rapportées, je voudrais les enregistrer dans un phonographe, et chaque fois qu'à la Chambre, dans le débat qui va s'ouvrir, retentira la mensongère affirmation : « Les religieux ne sont pas patriotes, les religieux ne sont pas Français, les religieux affaiblissent la France », l'infatigable voix répéterait :

« Je les proclame tous patriotes. » (Constans.)

« Ils ont tous le cœur français. » (Jurien de la Gravière.)

« Plus Français que beaucoup de Français en France. » (Vaughan.)

« Ces Jésuites sont Français et travaillent pour la France. » (Larroumet.)

« Ils montrent un dévouement absolu pour le nom français. » (Douville-Maillefeu.)

« Leur patriotisme n'a même pas été ébranlé par la terrible persécution. » (Charmes.)

—————

1. *Revue des Deux Mondes, loc. cit.*

13*

Et cette affirmation mille fois répétée de la vérité ferait rougir les accusateurs et maintiendrait en évidence, devant les hommes de bonne foi, les preuves irréfragables du réel état d'esprit régnant parmi les religieux.

Mais aussi, il faut bien le savoir, toute nouvelle persécution, ouverte ou hypocrite, dans la mère-patrie, aurait pour résultat net de diminuer dans une notable proportion l'action des religieux en faveur de la France. Ce que l'on a jusqu'ici perpétré en ce genre a déjà produit un mal énorme, empêché un bien notable.

« Il faut avoir vu, dit M. Gabriel Charmes, quel déchaînement de haine, de fureur, ont provoqué les décrets de 1880 ; quel tourbillon d'accusations odieuses ont fondu alors sur nos missions à l'étranger. En Syrie par exemple, tous nos adversaires qui cherchent à nous ravir notre protectorat séculaire se sont rués sur les Ordres français. La presse étrangère et indigène, nombreuse, ardente, traduisait chaque jour les pires articles des journaux radicaux de Paris et les jetait à la tête des religieux français, en leur disant : « Vous le voyez bien, ce sont vos compatriotes eux-mêmes qui vous dénoncent comme des perturbateurs et de mauvais citoyens. »

Voilà le petit jeu antifrançais que l'on veut recommencer. En vain dira-t-on pour s'excuser qu'il s'agit de défendre la République, — c'est-à-dire la République sectaire, franc-maçonne. Au-dessus de cette contrefaçon intolérante, il y a la vraie République, Messieurs, et au-dessus de tout cela, il y a la France !

Or c'est la France que vous frappez en immolant les religieux. Nous l'avons prouvé à l'évidence.

Que l'on n'aille pas dire : On protégera les Congrégations au dehors en les persécutant au dedans.

C'est illusoire ; car, avec les moyens modernes d'information, toute attaque qui se produit chez nous est connue le lendemain à Constantinople, à Shanghaï, au Congo.

C'est illusoire ; car, si vous empêchez en France le recrutement des Congrégations, voici ce qui arrivera :

Ou bien l'arbre, privé de la sève qui l'alimentait, dépérira, et s'étioleront avec lui les puissants rameaux qui couvraient le monde. Les missionnaires ne se recrutant plus que très difficilement, leur œuvre civilisatrice souffrira.

Ou bien les Congrégations se transformeront, s'établiront à l'étranger, y trouveront de nouveaux membres qui propageront leur propre langue et l'amour de leur pays.

En toute hypothèse, décroissance de l'influence française. N'est-ce pas le cas de répéter avec M. Gheusi : « Toute nation qui ne comprend pas l'imbécillité de l'anticléricalisme est destinée à n'essuyer que des défaites [1] »?

Avant de conclure ce chapitre, tout rempli du patriotisme des religieux, il nous faut tenir une promesse faite plus haut. Parlant de la terreur inspirée à certains, par les *Supérieurs étrangers* de plusieurs Ordres, nous leur avions donné rendez-vous ici.

Eh bien ! de bonne foi, craignent-ils encore ?

Le plus haï de ces Ordres, celui qu'on feint de redouter le plus, celui à qui on reproche le plus son général étranger, la Compagnie de Jésus en un mot, manque-t-elle de patriotisme? C'est à elle, au contraire, que sont décernés les plus absolus éloges de nos voyageurs, de nos députés, de nos gouverneurs.

Ce sont les Jésuites de Chine que M. Constans proclame bons patriotes; ceux de Beyrouth et d'Orient pour qui il récidive la même constatation. L'amiral Aube, M. Larroumet, font chorus.

______

1. *Nouvelle Revue*, 15 octobre 1899.

Ce sont eux qui gardent Madagascar à la France et qui, bien qu'abandonnés du Gouvernement, tiennent l'influence anglaise en échec.

Ce sont eux qui maintiennent en Égypte le haut enseignement français ; eux qui, aux jours pénibles, travaillaient à civiliser la Kabylie.

Et pourtant que de raisons ces hommes, poursuivis d'une incroyable haine dans leur patrie, que de raisons ils eussent eues de ne pas faire sa fortune à l'étranger !

Donc, vous le voyez bien, ni supérieur résident à Rome, ni cosmopolitisme de l'Ordre, n'empêchent ses sujets français de rester patriotes. C'est d'autant plus facile que la France, malgré les incroyables inconséquences de ses gouvernants, est restée la protectrice attitrée des missions et que le geste du Souverain Pontife, qui ordonne de recourir toujours à elle, est en même temps la plus paternelle invitation à l'aimer.

* * *

En résumé, nous venons de voir à l'œuvre ces Congréganistes si décriés.

Nous les avons suivis dans les pays les plus

lointains, sur les plages les plus malsaines, dans des déserts abandonnés.

Qu'avons-nous vu? Des jeunes gens à la fleur de l'âge, des vieillards ayant acquis le droit à un légitime repos, de faibles femmes, tous soulevés par leurs convictions religieuses et devenus capables de tous les sacrifices, de tous les dévouements.

Nous les avons vus braver la fièvre, la misère, apprendre les langues barbares, affronter la persécution et la mort.

Nous les avons vus répandant chez les peuples barbares la civilisation, l'instruction, la moralité, la charité.

Grâce à eux, là où l'on jette les enfants au fumier, il y a quelqu'un pour les recueillir.

Grâce à eux, là où malades et vieillards étaient abandonnés sans soins, il y a quelqu'un pour panser leurs plaies.

Grâce à eux, la divine loi de l'amour mutuel remplace la sauvagerie, le cannibalisme, l'esclavage.

Et tout cela, pratiquement, produit l'amour de la chère France, la diffusion de notre belle langue.

« Partout les indigènes nous jugent d'après ces religieux et ces religieuses qui passent leur

vie à répandre des bienfaits autour d'eux. »
(Gabriel Charmes.)

Donc religieux et religieuses servent puissamment et la civilisation, et la France.

Donc les supprimer, les tracasser, empêcher leur recrutement, c'est un crime de lèse-humanité, de lèse-France.

Honnêtes gens pour qui j'écris, laisserez-vous consommer ce crime ?

CONCLUSION

Nous croyons avoir résolu l'énigme doulou-
reuse posée au début.

Si les Congréganistes sont poursuivis d'une
haine insatiable par les ennemis de la Religion,
c'est qu'ils la servent bien et loyalement·
Rien de surprenant.

Mais, s'ils sont abandonnés des honnêtes
gens, des vrais libéraux, c'est que devant les
yeux de ceux-ci on a tendu un voile de
calomnies, qui a transformé des êtres toujours
inoffensifs, toujours bienfaisants, souvent
héroïques, en fantômes grotesques ou malfai-
sants.

Eh bien! nous avons marché aux fantômes.

Nous avons examiné leur triple vœu. Nous
avons trouvé :

— Qu'il grandissait, loin de la ravaler, **la**
nature humaine ;

— Qu'il élargissait le cœur, loin de l'atrophier, et lui faisait embrasser, dans une étreinte de dévouement, tout ce qui souffre;

— Qu'il laissait à la conscience toute sa liberté pour se défendre contre des commandements pervers, d'ailleurs absolument improbables.

— On avait dit : « Les Religieux gênent le clergé séculier. » Celui-ci a répondu : « C'est faux ! Ils sont nos précieux auxiliaires. »

— On avait dit : « Les Congréganistes ont des richesses scandaleuses. »

Une rigoureuse arithmétique, opérant sur les données des ennemis eux-mêmes, a prouvé l'indigence des accusés.

— On avait dit : « Ils ont des privilèges. » Leurs impôts se sont dressés devant nous, iniques, écrasants, exceptionnels. — Ils n'ont que le privilège de payer davantage !

On avait affirmé qu'ils étaient ennemis de la République; il a été démontré qu'ils n'étaient que victimes des *faux républicains*, sectaires et franc-maçons.

Et, quand le fantôme a été ainsi débarrassé de tout l'attirail de croquemitaine dont on le chargeait pour le rendre hideux, nous lui avons demandé : « Que fais-tu? » Comme certain martyr des premiers siècles, il a montré des pauvres secourus, des ignorants instruits, des malades pansés, des vieillards nourris, des barbares civilisés et remontés à la dignité humaine : le tout au prix de fatigues inouïes, de ces sacrifices dont on meurt.

Et quand, à bout de questions, nous lui avons dit : « Aimes-tu la France? » Il n'a eu qu'à laisser parler les indifférents, et ses adversaires mêmes, qui tous ont répété d'une seule voix :

« Il nous est impossible de le nier, ils sont Français, patriotes, et travaillent pour la France. »

Concluez donc, concluez !...

Il nous semble impossible que ce ne soit pas dans le sens de la pleine liberté accordée aux Congrégations, sans folles méfiances ni odieuses précautions.

Mais si, par impossible, votre âme honnête ne demandait pas pour nous cette liberté;

Si vous laissiez consommer contre nous les projets hypocrites et sectaires qui nous menacent encore;

Eh bien, sachez-le, au jour de notre agonie, à côté de la croix de notre Maître, toujours triomphante, Elle! jusque dans le martyre et dans la mort, on devrait mettre en berne le drapeau de la France, parce que, ce jour-là, elle perdrait des enfants qui l'ont passionnément aimée et utilement servie.

FIN

TABLE DES MATIÈRES

	Pages.
Avant-Propos	V
L'Énigme	1

CHAPITRES

I.	— Le triple sceau	14
II.	— Les richesses scandaleuses des Congrégations.	55
III.	— Les Congrégations sont-elles rebelles ?	74
IV.	— Les Congrégations et le clergé	102
V.	— Les religieux sont-ils hostiles à la République ?.	113
VI.	— Les Jésuites	129
VII.	— Utilité des religieux. — Ministère apostolique et enseignement	143
VIII.	— A quoi servent les Congréganistes ? A secourir les pauvres et les malades	159
IX.	— A quoi servent les religieux ? A faire aimer la France	198
Conclusion	233

44410. — PARIS, IMPRIMERIE LAHURE

9, rue de Fleurus, 9

9 782019 989835